Cuisine pour un
cœur en santé

Jacqui Lynas

Broquet

97-B, montée des Bouleaux, Saint-Constant Qc, Canada J5A 1A9
Tél.: (450) 638-3338 Télec: (450) 638-4338
Internet: http://www.broquet.qc.ca Courriel: info@broquet.qc.ca

Catalogage avant publication de Bibliothèque et Archives nationales du Québec et Bibliothèque et Archives Canada

Lynas, Jacqui

  Cuisine pour un cœur en santé

  (Collection À propos)

  Traduction de: Cooking for a Healthy Heart.

  Comprend un index.

  ISBN 978-2-89000-874-8

    1. Cœur - Maladies - Diétothérapie - Recettes. 2. Cœur - Maladies - Prévention. I. Titre.

RC684.D5L9614 2007   641.5'6311   C2007-941131-2

Pour l'aide à la réalisation de son programme éditorial, l'éditeur remercie
Le Gouvernement du Canada par l'entremise du Programme d'Aide au Développement de l'industrie de l'Édition (PADIÉ ; La Société de Développement des Entreprises Culturelles (SODEC) ; L'Association pour l'Exportation du Livre Canadien (AELC). Le Gouvernement du Québec - Programme de crédit d'impôt pour l'édition de livres - Gestion SODEC.

Titre original : Cooking for a Healthy Heart
Première publication en Grande Bretagne en 2004 par Hamlyn, une division de Octopus Publishing Group Ltd
2–4 Heron Quays, Londres E14 4JP

Copyright © Octopus Publishing Group Ltd 2004

Pour l'édition française :
Copyright © Broquet inc., Ottawa 2007
Dépôt légal — Bibliothèque nationale du Québec
3ᵉ trimestre 2007

Traduction : Claire Perreau
Révision : Marcel Broquet, Denis Poulet
Infographie : Sandra Martel

Imprimé en Chine

ISBN 978-2-89000-874-8

L'éditeur a pris toutes les précautions requises dans l'élaboration de ce livre, mais l'information qu'il contient ne saurait tenir lieu de traitement administré par un professionnel de la santé.

Notes
Les recettes indiquent à la fois les mesures métriques et les mesures impériales. L'utilisateur est prié de s'en tenir à l'une ou l'autre catégorie.
  Certaines recettes incluent des noix ou des dérivés de noix. Les personnes allergiques aux noix sont priées d'éviter ces recettes.
  À moins d'indication contraire, les œufs proposés comme ingrédient sont de grosseur moyenne. Il est recommandé de ne pas consommer d'œufs crus. Il serait prudent que les femmes enceintes ou qui allaitent, les malades, les personnes âgés, les bébés et les jeunes enfants évitent de consommer des mets crus ou légèrement cuits faits avec des œufs.
  Les viandes et la volaille doivent être cuites à point. Pour savoir si une volaille est cuite à point, il suffit d'en piquer la peau dans la partie la plus épaisse avec une fourchette ou une brochette ; le jus qui devrait s'écouler doit être clair, ni rouge ni rosé.
  Toutes les recettes de ce livre ont été analysées par l'auteure. L'analyse renvoie à une portion, sauf indication contraire.

Table des matières

Introduction

Les maladies cardiaques représentent la première cause de décès dans le monde, et elles font plus de six millions de victimes par an. Pratiquement tous les décès causés par les maladies cardiaques sont le résultat d'une crise cardiaque ou d'un infarctus du myocarde. À peu près la moitié des crises cardiaques sont mortelles, et dans environ un tiers des cas, le décès survient avant d'arriver à l'hôpital. Les maladies cardiaques tuent une personne toutes les trois minutes au Royaume-Uni, et une par minute aux États-Unis. Nombre de ces décès sont prématurés, et ils affectent la famille, les amis et les collègues de la victime. Pour ceux qui ont la chance de survivre à une crise cardiaque, la vie n'est plus tout à fait la même après l'événement. Les maladies cardiaques se sont développées telle une épidémie mortelle, et le problème devrait perdurer puisque les gens vivent plus longtemps et privilégient des modes de vie malsains.

Il est cependant possible de prévenir les maladies cardiaques. Si vous voulez les combattre, vous pouvez contribuer à réduire de nombreux facteurs de risque, comme le cholestérol, l'hypertension, le diabète, le tabac et l'excédent de poids, en revoyant votre style de vie. Si vous êtes atteint d'une maladie cardiaque, il n'est jamais trop tard pour réévaluer votre style de vie, puisqu'il a été prouvé qu'une modification de l'alimentation pouvait être salutaire.

Les conseils diététiques peuvent sembler embrouillés, car nous recevons une multitude de messages souvent contradictoires, mais les répercussions de l'alimentation sur notre santé sont complexes, et il nous reste encore beaucoup à découvrir dans ce domaine. On ne peut plus se contenter de prôner une alimentation faible en matières grasses, et la tendance actuelle met l'accent sur les avantages d'une approche alimentaire plus ouverte et présentant plusieurs facettes. Cet ouvrage présente avec clarté et concision les conseils médicaux les plus récents, prodigués par des professionnels de la médecine et de la nutrition, pour vous aider à prendre soin de votre cœur en mangeant, et ses recommandations se fondent sur une opinion consensuelle ainsi que sur des recherches scientifiques fiables.

Comment fonctionne votre cœur ?

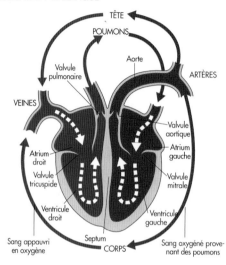

TÊTE

POUMONS

Aorte

ARTÈRES

Valvule
pulmonaire

VEINES

Valvule
aortique

Atrium
droit

Atrium
gauche

Valvule
tricuspide

Valvule
mitrale

Ventricule
droit

Ventricule
gauche

Sang appauvri
en oxygène

Septum

CORPS

Sang oxygéné prove-
nant des poumons

ARTÈRES CORONAIRES ENTOURANT LE CŒUR

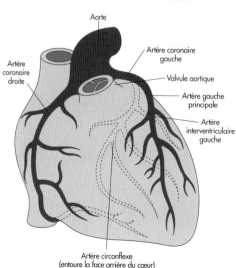

Aorte

Artère coronaire
gauche

Artère
coronaire
droite

Valvule aortique

Artère gauche
principale

Artère
interventriculaire
gauche

Artère circonflexe
(entoure la face arrière du cœur)

Un cœur solide et efficace pour une vie longue et saine

Le cœur est la centrale électrique du corps qui transporte le sang vers tous les organes. Il s'agit d'un muscle d'une grande puissance, qui a environ la taille d'un poing. Il bat inlassablement, entre 60 et 80 pulsations par minute (plus si vous vous dépensez physiquement) jour et nuit, et il transporte automatiquement entre 5 et 20 litres de sang par minute, selon les besoins de votre corps.

Notre pouls nous permet de sentir chaque battement ou contraction de notre cœur. Le terme médical pour cette contraction est la systole. La diastole fait quant à elle référence à la phase de relaxation du cœur entre chaque battement. Le cœur est constitué de deux paires de cavités, dont deux sont situées à droite, et deux à gauche. La partie droite du cœur transporte le sang dans les poumons pour récupérer de l'oxygène, et la partie gauche transporte le sang chargé d'oxygène qui revient des poumons vers le reste du cœur.

Les artères coronaires

Pour effectuer ce travail, le muscle cardiaque a besoin de nutriments et d'oxygène qui lui assureront suffisamment d'énergie, et il se les procure par l'intermédiaire de son propre système sanguin. Les vaisseaux sanguins qui alimentent le cœur sont les artères coronaires. Celles-ci doivent être suffisamment résistantes pour supporter la pression exercée par les contractions du cœur.

Condition physique

La taille de votre cœur et l'efficacité de ses battements dépendent de votre condition physique. Les personnes qui pratiquent régulièrement une activité physique ont un cœur plus efficace qui bat plus lentement pour fournir la même quantité de sang que le cœur d'une personne dont la condition physique est moins bonne. Vous pouvez diminuer votre rythme cardiaque en augmentant votre niveau d'exercice physique – dans l'idéal, une marche rapide de 30 minutes presque chaque jour de la semaine.

Qu'est-ce qu'une maladie cardiaque?

Une insuffisance coronarienne (angine de poitrine ou crise cardiaque) survient lorsque les artères se rétrécissent ou s'obstruent à cause du vieillissement, d'une mauvaise alimentation ou d'un style de vie malsain. Malheureusement, ce processus peut apparaître dès l'enfance. Le rétrécissement des artères provient de dépôts gras chargés de cholestérol qui se forment sur la paroi artérielle souple, et ce phénomène est connu sous le nom d'athérosclérose.

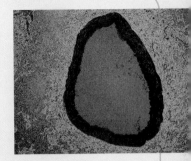

CI-DESSUS : Une artère coronaire humaine saine se trouve à la surface du cœur et fournit du sang aux muscles cardiaques. Le muscle cardiaque est en bleu dans cet exemple. La paroi artérielle est représentée en rouge.

Angine de poitrine
Le rétrécissement des artères coronaires diminue la rapidité à laquelle le sang est fourni au muscle cardiaque en contraction. Le muscle n'obtient pas l'oxygène suffisant pour lui permettre d'effectuer ce travail, et il signale ce problème en créant une douleur thoracique. Cette douleur se ressent habituellement au niveau de la poitrine, mais parfois aussi au niveau des épaules, des bras, de la gorge ou de la mâchoire. Il s'agit habituellement d'une douleur lourde ou d'une sorte d'oppression qui dure habituellement moins de dix minutes.

Crise cardiaque
Une crise cardiaque survient lorsqu'une artère coronaire est entièrement bloquée en raison de l'association d'une athérosclérose et de la formation subite d'un caillot. Cette soudaine occlusion artérielle signifie que la partie du muscle cardiaque qui était irriguée par l'artère coronaire est privée instantanément de sang et d'oxygène. Un muscle ne peut pas survivre s'il ne reçoit pas de sang, c'est pourquoi la partie du muscle cardiaque qui a été affectée ne peut plus survivre, et la douleur dure plus longtemps que dans le cas d'une angine de poitrine.

CI-DESSUS : Une artère humaine obstruée. L'artère coronaire (en rouge) se trouve à la surface du cœur. Le canal rétréci de couleur beige est obstrué par un caillot, et l'absence d'irrigation sanguine vers le muscle cardiaque a entraîné une crise cardiaque fatale.

Cholestérol
Le cholestérol, qui se présente sous forme d'une substance cireuse blanche, est essentiel au corps humain puisqu'il permet la formation de membranes cellulaires, de diverses hormones, de sels biliaires et de la vitamine D. Cependant, un excédent de cholestérol dans le sang peut accroître le risque de crise cardiaque. Plusieurs facteurs ont une incidence sur votre taux de cholestérol sanguin. La majorité du cholestérol est fabriquée dans le foie, mais une partie provient des aliments au moment du processus de digestion. Les aliments riches en graisses saturées, comme les viandes et les produits de viandes gras, les œufs, le beurre, le fromage, le lait entier, la crème, les pâtisseries, les gâteaux et les confiseries, augmentent votre taux de cholestérol sanguin.

Le cholestérol se déplace vers les cellules de votre corps par l'intermédiaire de la circulation sanguine, dans de minuscules molécules connues sous le nom de lipoprotéines. Les scientifiques distinguent les molécules de cholestérol selon leur densité, et les types les plus importants sont le cholestérol à lipoprotéines de faible densité (ou cholestérol LDL) et le cholestérol à lipoprotéines de haute

CI-DESSUS : les fruits et les légumes riches en nutriments antioxydants protègent le cholestérol LDL de l'oxydation.

Évaluer et diminuer les facteurs de risque

De nombreux facteurs influencent le risque de développer une maladie cardiaque.

Facteurs pouvant être réduits ou supprimés

Taux de cholestérol élevé

Hypertension

Tabac

Diabète

Surpoids

Manque d'activité physique

Facteurs que vous ne pouvez pas changer

❤ Âge – plus vous prenez de l'âge, plus vous êtes exposé

❤ Sexe – les femmes préménopausées sont moins exposées que les hommes

❤ Antécédents familiaux – vous êtes plus exposé si un membre de votre famille est (ou a été) atteint d'une maladie cardiaque, surtout s'il s'agit de votre famille proche et d'une personne âgée de moins de 55 ans.

densité (ou cholestérol HDL). Le cholestérol sanguin est principalement constitué de cholestérol LDL qui se déplace entre le foie et les autres parties du corps.

L'augmentation du niveau de cholestérol LDL accroît les risques de maladie cardiaque puisque, sous l'effet de l'oxydation, il s'agglutine sur les parois des artères coronaires, ce qui finit par causer une crise cardiaque. Votre niveau cible de cholestérol LDL devrait être inférieur à 3,0 mmol/l (195 md/dl).

Le cholestérol HDL agit comme un nettoyeur des artères en éliminant le cholestérol des tissus organiques, notamment les parois des artères, et en le ramenant vers le foie. Au plus le taux de cholestérol HDL est élevé, au moins vous êtes exposé aux maladies cardiaques. Votre niveau cible de cholestérol HDL devrait être supérieur à 0,9 mmol/l (35 mg/dl).

Hypertension artérielle

Si votre pression artérielle se situe en permanence au-dessus de 140/90 mmHg, vous souffrez d'hypertension artérielle. Celle-ci rend le travail de votre cœur et de vos artères plus difficile. Le cœur doit forcer davantage, ce qui peut l'amener à s'hypertrophier. À mesure que vous vieillissez, vos artères se durcissent et perdent de leur élasticité, et l'hypertension artérielle accélère ce processus. Celui-ci peut être contrôlé par l'association d'une alimentation saine, d'une bonne activité physique et d'un traitement médical.

Personnes à risques

Les personnes diabétiques ont un risque élevé de développer une maladie cardiaque, et elles doivent porter une attention particulière aux facteurs aggravant les risques, adopter une alimentation saine et suivre un traitement médical approprié. Le tabac et les produits du tabac augmentent le risque de crise cardiaque et d'infarctus. La cigarette accroît également le risque de développer un cancer ou une maladie pulmonaire. Si vous fumez, faites-vous aider pour arrêter ! Même la fumée secondaire accroît considérablement le risque de maladie cardiaque.

Activité physique

L'activité physique aide à prévenir et à traiter les maladies cardiaques, ainsi que d'autres facteurs de risque importants relativement aux maladies cardiaques, comme l'hypertension artérielle et l'hypercholestérolémie. Des études médicales ont démontré que le simple fait de mettre le corps en mouvement sur une base quotidienne peut avoir des bienfaits à long terme sur la santé.

L'activité physique doit être régulière, d'intensité modérée et de style aérobic. Un exercice d'aérobic est une activité physique qui sollicite les principaux muscles des bras et des jambes, en les mettant en mouvement de façon rythmée, comme la marche rapide, la danse ou le cyclisme. En empruntant les escaliers ou en stationnant votre voiture plus loin qu'à votre habitude, vous contribuerez à accroître votre niveau d'activité physique. Efforcez-vous de vous adonner à ces activités au moins 30 minutes par jour, tous les jours de la semaine ou presque, et si vous ne disposez pas d'une période de 30 minutes, essayez de diviser votre pratique en deux séances de 15 minutes ou en trois séances de 10 minutes par jour. Choisissez des activités qui vous plaisent, qui répondent à vos besoins et que vous pouvez pratiquer tout au long de l'année.

Lien entre l'alimentation et la maladie

Il existe de nombreuses données sur le lien qui existe entre l'alimentation et le risque de développer une maladie cardiaque. La tendance émergente est la nécessité d'adopter un mode d'alimentation qui a pour effet de protéger des maladies cardiaques. Mais il ne suffit pas d'apporter une simple modification à votre alimentation pour prévenir les maladies cardiaques, et vous devez vous efforcer de changer vos habitudes de plusieurs façons pour maximiser l'effet protecteur que votre alimentation peut avoir sur votre cœur.

L'étude dans sept pays menée par Ancel Keys dans les années 60 révélait un lien entre la consommation de graisses saturées et le taux de maladies cardiaques. Ancel Keys a montré qu'au Japon et dans les pays méditerranéens ruraux du sud de l'Europe, comme la Grèce et l'Italie, où la consommation de graisses saturées provenant de la viande et des produits laitiers était faible, le taux de maladies cardiaques était beaucoup moins élevé qu'au Royaume-Uni ou aux États-Unis, où la consommation de graisses saturées était supérieure.

Le régime méditerranéen

Le régime méditerranéen est habituellement riche en fruits, en légumes, en pain et en d'autres formes de céréales, de pommes de terre, de haricots, de noix et de graines. L'huile d'olive représente une source importante de matières grasses, tandis que les produits laitiers, les poissons, la volaille et les œufs sont consommés en quantité faible à modérée. La petite place qu'occupe la viande rouge dans ce régime est compensée par le vin, dont on boit un verre ou deux !

L'HUILE D'OLIVE

L'huile d'olive contient principalement des graisses mono-insaturées qui, lorsqu'elles sont utilisées pour remplacer les graisses saturées, diminuent le cholestérol total et le cholestérol LDL sans réduire le bon cholestérol. Le remplacement des graisses monoinsaturées par des niveaux élevés de graisses polyinsaturées ou de glucides peut avoir l'effet néfaste de diminuer le cholestérol HDL.

LES FRUITS ET LÉGUMES

Une autre composante importante du régime méditerranéen est qu'il est riche en fruits et légumes, lesquels sont remplis de vitamines et de minéraux, d'acides gras essentiels et d'antioxydants. Il existe environ 600 antioxydants différents, qui comprennent des vitamines A, C et E, des minéraux et d'autres éléments qui donnent aux fruits et aux légumes leurs merveilleuses couleurs. Le vin rouge et le thé sont également réputés pour être une bonne source d'antioxydants. Les antioxydants protègent le cholestérol LDL contre l'oxydation qui le rend beaucoup plus nocif que le cholestérol LDL, et il y a plus de risques qu'il s'accumule sur les parois artérielles. Les fruits et les légumes fournissent également des nutriments qui ont un effet protecteur. Par exemple, on trouve l'acide folique dans les légumes vert foncé, dans les fruits et les grains entiers, et il aide à maintenir un niveau peu élevé d'homocystéine dans le sang. Un niveau élevé d'homocystéine indique un risque accru de développer une maladie cardiaque.

LA PREUVE À L'APPUI

L'Étude de Lyon menée à Lyon, en France, par A. Lorgeril et al, et publiée pour la première fois en 1994, a démontré que, si une personne adoptait un régime

CI-DESSUS : Le style de vie méditerranéen a depuis longtemps la réputation d'être sain. Nous savons maintenant que l'abondance de fruits, de légumes et d'huile d'olive en est un facteur essentiel.

méditerranéen après avoir été victime d'une crise cardiaque, le risque qu'elle soit exposée à des crises cardiaques récurrentes était nettement réduit.

Les avantages du soja

Dans les pays asiatiques, où la consommation de produits dérivés du soja est importante, les maladies cardiovasculaires sont moins fréquentes. Le soja contient des phytœstrogènes, lesquels sont des composés d'origine naturelle présentant une structure similaire à celle de l'œstrogène. De plus, les isoflavones présents dans les produits dérivés du soja ont un effet favorable sur la paroi des vaisseaux sanguins et améliorent le tonus vasculaire.

Les avantages des oméga-3

Une des découvertes les plus remarquables de ces dernières années est le rôle que joue le poisson dans la prévention des maladies cardiaques. Les personnes qui consomment régulièrement du poisson et des crustacés, comme les Japonais et les Inuits du Groenland, sont moins exposées aux crises cardiaques que celles qui n'en consomment pas. Les poissons gras représentent la meilleure source d'acides gras polyinsaturés – acide eicosapentanoïque (EPA) et acide docosahexanoïque (DHA) –, connus également sous le nom d'acides gras oméga-3.

Les acides gras oméga-3 se trouvent également dans les huiles de graines, le soja, les noix et les légumes verts, et ils peuvent jouer un rôle important dans les mécanismes de formation des caillots en réduisant l'adhésion des plaquettes sanguines et en diminuant le risque de thrombose.

Suppléments alimentaires et véritables aliments

Des essais cliniques fiables menés récemment (MRC/BHF Heart Protection Study, R. Collins (R.-U.), publié en 2002, et l'étude GISSI, R. Marchioli (Italie), publiée en 1999) ont confirmé que la prise individuelle de nutriments comme les vitamines E et C, ou le bêta-carotène, sous forme de suppléments comme des préparations vitaminiques, présente peu d'intérêt. Cette information suggère que les bienfaits ne peuvent se faire ressentir que lorsque la prise des antioxydants accompagne une alimentation saine contenant des aliments entiers, notamment des fruits et des légumes. Toutefois, si vous ne pouvez pas manger de poisson, il peut être intéressant de prendre des suppléments d'acides gras oméga-3 (acide eicosapentanoïque et acide docosahexanoïque) sous forme de capsules, à raison de 1 g par jour.

Le rôle de la morphologie

Votre exposition aux maladies cardiaques est liée à votre morphologie. Si votre corps est en forme de pomme, c'est-à-dire que votre graisse s'amasse autour de votre ventre, vous êtes plus vulnérable aux maladies cardiaques qu'une personne dont le corps est en forme de poire, avec des amas graisseux autour de la taille et des hanches. Cela s'explique par le fait que les cellules adipeuses situées autour du ventre rendent le corps plus résistant à l'hormone de l'insuline. Pour compenser, le corps produit davantage d'insuline, ce qui accroît la pression sanguine, le taux de cholestérol et de triglycérides, diminue le cholestérol HDL et augmente le risque de formation de caillots dans le sang. Et bien entendu, le risque de devenir diabétique augmente également. Ce regroupement de facteurs de risque est connu sous le nom de syndrome de résistance à l'insuline.

En privilégiant les aliments dont l'indice glycémique (IG) est faible, vous êtes moins exposé à la possibilité de développer une résistance à l'insuline, un diabète ou une maladie cardiaque. L'IG mesure les répercussions de la consommation d'aliments riches en glucides sur le niveau de glycémie. Les féculents, qui sont digérés lentement et absorbés moins rapidement par le corps, présentent un IG faible, et ce genre d'aliments a un effet favorable sur la glycémie et sur l'insuline présente dans le corps.

CI-DESSUS : Les pays où la consommation de fèves de soja est élevée présentent un taux de maladies cardiovasculaires moins élevé en raison des phytœstrogènes présents dans le soja.

Dix conseils pour une vie saine

1 Consommez une variété d'aliments nutritifs

En variant votre alimentation, vous aurez plus de chances d'obtenir tous les nutriments essentiels en quantités égales. Essayez d'adopter le régime méditerranéen (voir page 16). Il s'agit d'habitudes à prendre pour la vie, alors facilitez-vous la tâche en apportant un changement simple à la fois. Ne soyez pas trop dur envers vous-même s'il vous arrive de vous en éloigner. Par-dessus tout, manger doit rester un plaisir !

2 Maintenez un poids santé par rapport à votre taille

Assurez-vous de maintenir un poids santé par rapport à votre taille en mesurant régulièrement votre tour de taille.

Votre tour de taille ne devrait pas dépasser 93 cm (37 pouces) si vous êtes un homme, et 80 cm (32 pouces) si vous êtes une femme. Si vous obtenez un chiffre supérieur, essayez de perdre du poids en réduisant votre apport énergétique pour qu'il soit inférieur aux besoins de votre corps, et augmentez votre pratique d'activités physiques.

3 Mangez des fruits, des légumes et des salades en grande quantité

Vous devez en manger au moins cinq portions par jour. Pour vous aider, rappelez-vous qu'une portion de fruits ou de légumes a approximativement la taille d'un poing, et que cinq portions doivent totaliser un poids de 500 g (1 lb).

GUIDE DES PORTIONS

- ♥ 1 gros fruit (comme une pomme, une orange ou une balane)
- ♥ 2 petits fruits (comme des prunes ou des mandarines)
- ♥ 1 tasse de framboises, de fraises ou de raisin
- ♥ 1 verre de jus de fruits
- ♥ 1 cuillerée à soupe de fruits secs
- ♥ 2 cuillerées à soupe de légumes crus, cuits ou surgelés
- ♥ 1 bol de salade

4 Mangez du poisson deux ou trois fois par semaine

Mangez plus de poisson, surtout des poissons gras, plus particulièrement si vous avez déjà été victime d'un problème cardiaque. Les poissons gras représentent la meilleure source d'acides gras oméga-3. Si vous ne mangez pas de poisson, il serait bon que vous preniez un supplément de 1 g d'acides gras oméga-3 chaque jour. Portez une attention particulière à la variété d'œufs qui contiennent des oméga-3, puisqu'ils proviennent de poules qui ont été nourries aux oméga-3.

Tour de taille

Hommes

93-100 cm (37-40 pouces) : vous êtes en surpoids
Plus de 100 cm (40 pouces) : vous souffrez d'obésité

Femmes

80-88 cm (32-35 pouces) : vous êtes en surpoids
Plus de 88 cm (35 pouces) : vous souffrez d'obésité

♥ Mesurez directement sur la peau, et non par-dessus vos vêtements.
♥ Assurez-vous de maintenir le ruban à mesurer au niveau du nombril.
♥ Entourez le ruban autour de votre taille sans serrer.
♥ Essayez de bien placer votre ruban au même endroit chaque fois que vous mesurez votre tour de taille.

	(oméga-3 par portion)
Maquereau	4,5 g
Pilchard (à la tomate, en conserve)	3,2 g
Truite	2,9 g
Saumon	2,5 g
Hareng	2,2 g
Sardines (à la tomate, en conserve)	2,0 g
Saumon (en conserve)	1,9 g
Crabe (en conserve)	0,9 g

MEILLEURES SOURCES D'OMÉGA-3
PARMI LES ALIMENTS D'ORIGINE VÉGÉTALE

	(oméga-3 par portion)
Graines de lin et huile de lin	1,8 g
Noix et huile de noix	1,5 g
Patate douce et citrouille	1,3 g
Huile de colza	1,1 g
Huile de soja	0,8 g
Épinards et légumes à feuilles vertes	0,2 g

5 Basez vos repas et vos en-cas sur des aliments à grains entiers

Les aliments à grains entiers comprennent le pain, les céréales, le riz, les pâtes et les féculents, comme les pommes de terre. Ils sont bourratifs mais ne font pas grossir, et ils représentent une très bonne source de fibres solubles et insolubles.

❤ SOURCES DE FIBRES

Solubles – diminuent le cholestérol
Avoine – flocons d'avoine, son d'avoine, céréales et pains à base d'avoine
Haricots – petits pois, pois cassés, lentilles, pois chiches, fèves de soja et haricots blancs
Certains fruits – pommes, fraises et agrumes
Insolubles – préviennent les problèmes de transit
Pain et céréales à grains entiers
Riz brun
Pâtes de blé entier
Fruits et légumes

6 Adoptez une alimentation pauvre en matières grasses, plus particulièrement en graisses saturées

Trois principaux types de matières grasses sont présents dans les aliments : les graisses saturées, monoinsaturées et polyinsaturées.

CI-DESSUS : Suivez le conseil n° 4 pour vous assurer que votre alimentation contient une quantité optimale d'acides oméga-3. Si vous ne mangez pas de poisson, il existe de nombreux aliments d'origine végétale qui vous en fourniront également en quantité suffisante.

💜 Graisses saturées

Se retrouvent dans : les viandes grasses, les produits à base de lait entier, comme la crème et le fromage, l'huile de coco et l'huile de palme utilisées dans les plats cuisinés, les gâteaux, les pâtisseries, les biscuits, les confiseries, les aliments préemballés et les plats à emporter.
Répercussion : Augmentent le cholestérol.

💜 Gras trans

Se retrouvent dans : en petites quantités dans le gras de produits laitiers et de certaines viandes, mais principalement dans des huiles végétales hydrogénées, dans certaines margarines et dans des biscuits, des pâtisseries, des gâteaux, des flans et des produits de la boulangerie achetés en magasin.
Répercussion : Augmentent le cholestérol.

💜 Graisses polyinsaturées

Se retrouvent dans : les huiles végétales comme l'huile de tournesol, de maïs, de carthame, de soja, de pépins de raisin et de noix, et dans de nombreuses margarines et tartinades contenant des acides gras oméga-6 polyinsaturés. Les légumes et les huiles de poisson contiennent des acides gras oméga-3.
Répercussion : Diminuent le cholestérol.

💜 Graisses monoinsaturées

Se retrouvent dans : l'huile d'olive et l'huile de colza (canola), l'huile d'arachide et les tartinades, les avocats et les noix.
Répercussion : Diminuent le cholestérol.

Ci-dessus : Si vous utilisez une margarine, choisissez une version allégée en gras, et à base d'huiles végétales qui contribueront à diminuer votre taux de cholestérol.

Vous devriez éviter les graisses saturées et privilégier les graisses insaturées, plus particulièrement l'huile d'olive et l'huile de colza (canola). L'huile de colza est une bonne source d'acides gras oméga-3, et elle est de plus en plus fréquente parmi les huiles végétales, mais assurez-vous quand même de vérifier l'étiquette.

Quelle quantité de matières grasses devez-vous consommer chaque jour ?

La consommation de matières grasses doit se baser sur vos besoins énergétiques et sur votre niveau d'activité physique. En moyenne, un homme a besoin de 2 500 kcal (calories) par jour, et une femme a besoin de 2 000 kcal par jour. Vous devez limiter votre consommation de matières grasses pour qu'un maximum de 35 % de vos calories provienne de cette source.

Si vous avez besoin de perdre du poids, vous devez réduire les matières grasses, et même les bons gras puisque toutes les sortes de

gras font grossir ! Faites appel à des méthodes de cuisson utilisant peu de matières grasses, comme la cuisson au micro-ondes, sur le gril, à la vapeur, à l'étuvée ou à la cocotte-minute.

RECOMMANDATIONS EN MATIÈRE D'APPORT QUOTIDIEN DE MATIÈRES GRASSES

Apport en kilocalories (kilojoules)	Total de matièresgrasses en grammes	Graisses saturées en grammes
1500 (6270)	57	15
1800 (7524)	68	18
2000 (8360)	70	23
2500 (10450)	95	32

CI-DESSUS : Utilisez le vaporisateur à base d'huile et d'eau lorsque vous cuisinez des viandes sur le gril ; faites l'expérience avec de la viande de porc maigre, que vous accompagnerez de légumes cuits à la vapeur pour un repas très sain.

UTILISER UN VAPORISATEUR DE CUISSON À BASE D'HUILE ET D'EAU
Vous pouvez réduire la quantité de matières grasses lors de la cuisson en utilisant un vaporisateur à base d'huile et d'eau, lequel est moins gras que les vaporisateurs habituels à base d'huile seulement. Prenez une petite bouteille de plastique et remplissez-la aux sept huitièmes d'eau, en ajoutant un huitième d'huile de votre choix.

Utilisez votre vaporisateur lorsque vous cuisinez sous le gril, dans une poêle à griller, dans une poêle à frire ou dans une rôtissoire, avant d'y déposer les aliments. Vous pouvez également vaporiser directement le mélange d'huile et d'eau sur les aliments, mais ayez la main légère !

7 Privilégiez les viandes maigres, la volaille, les œufs, les haricots, les noix, le soja et les produits laitiers allégés en matières grasses

Vous devez consommer une bonne variété de protéines, alors choisissez-en une différente chaque jour. Les légumineuses sont bonnes pour votre cœur : pois, haricots (blancs, jaunes, borlotti, soja), lentilles et pois chiches sont une formidable source de fibres solubles, ce qui peut contribuer à diminuer le taux de cholestérol. Les protéines du soja présentent des bienfaits similaires. Les noix protègent contre les maladies cardiaques, et vous pouvez consommer jusqu'à quatre œufs par semaine.

8 Évitez de consommer trop de sel

Les trois quarts de notre apport en sodium proviennent du sel ajouté aux aliments transformés. Privilégiez les aliments frais dans la mesure du possible, comme de la viande, du poisson, des fruits et des légumes qui n'ont pas été transformés.

CI-DESSOUS : Le sel accroît la pression sanguine, et il devrait donc être banni de la cuisine si l'on veut préparer des repas sains pour le cœur.

💜 Vous devez évidemment éviter les aliments salés – noix salées, croustilles, poisson en conserve, jambon, bacon, saucisses, aliments en conserve, soupes en sachet, desserts, fromages et vinaigrettes du commerce.

💜 La façon la plus simple de limiter votre consommation de sel est de ne pas en ajouter aux aliments, que ce soit pendant la cuisson ou à table. Le sel marin est également du chlorure de sodium, et il est donc conseillé de l'éviter. Remplacez-le par des herbes fraîches ou séchées, et par d'autres modes d'aromatisation comme le jus de citron, l'ail, le gingembre et le vinaigre.

💜 N'oubliez pas que certains aliments, qui ne semblent pas particulièrement salés, comme le pain et certaines céréales, contiennent en réalité d'importantes quantités de sel. Une fois de plus, vérifiez l'étiquette !

9 Un peu d'alcool pour accompagner vos repas ne vous nuira pas, tant que vous n'en abusez pas

Si vous aimez boire de l'alcool, essayez de vous contenter d'en consommer une ou deux unités par jour pour accompagner vos repas. Le type de boisson est moins important que la quantité que vous en consommez. Évitez les « cuites d'un soir » et maintenez un niveau de consommation sain en vous abstenant de boire certains jours.

10 Essayez de marcher une demi-heure tous les jours de la semaine ou presque

L'alimentation est une composante d'un mode de vie sain lorsqu'on veut garder un cœur en bonne santé. Mais ce mode de vie suppose également l'absence de tabac et la pratique d'une activité physique. Marcher rapidement, faire du vélo ou monter les escaliers sont de bonnes activités pour votre cœur. Et elles vous aideront à retrouver votre ligne, à contrôler votre poids et à améliorer votre taux de cholestérol LDL. Alors passez à l'action !

Unités d'alcool

1 unité d'alcool =

1 petite bière ou 1 petit cidre (300 ml/10 oz)

1 petit verre de vin rouge ou blanc (125 ml/4 oz)

1 mesure de spiritueux (25 ml/1 oz)

1 petit verre de vin fortifié, par ex. : xérès, martini (50 ml/2 oz)

À GAUCHE : Ne vous en faites pas si l'exercice physique vous déplaît. Essayez plutôt de trouver une activité qui met votre corps en mouvement et que vous pourrez intégrer à vos habitudes quotidiennes. Le simple fait de marcher est tout à fait valable.

Une alimentation saine pour le cœur

	Meilleurs choix	Avec modération	À éviter
Céréales et féculents	Pain, chapati (pain indien), céréales pour petit déjeuner, avoine, gruau, riz, pâtes, maïs éclaté (sans beurre), toutes les autres céréales	Pain naan	Poppadums frits, gaufres, croissants, pâtisseries danoises, riz frit
Pommes de terre	Bouillies, en purée, en robe des champs, purée instantanée (sans gras)	Pommes de terre au four, rôties, cuites dans une huile de bonne qualité, croustilles allégées	Croustilles, croquettes de pommes de terre, toutes les autres formes de pommes de terre frites
Fruits et légumes	Grande variété de légumes, fruits, salades et légumineuses – crus, cuits, bouillis, à la vapeur, frais, surgelés, séchés, en conserve	Sautés de légumes dans des huiles de bonne qualité, salade de chou avec vinaigrette maison, fruits en conserve au sirop	Salade de chou du commerce, légumes frits
Poisson	Poissons blancs : cabillaud, aiglefin, carrelet, limande, merlan ; poissons gras : maquereau, hareng, saumon, thon et truite ; poissons en conserve dans de l'eau ou de la sauce tomate : thon, sardines de la manche, sardines ; crustacés : huîtres, moules, palourdes, bulots, bigorneaux, pétoncles ; calmars	Poisson en conserve dans de l'huile (égoutter ou rincer pour enlever l'excédent d'huile), poisson pané, crustacés : crevettes, homard, crabe	Poissons panés frits : langoustines frites (scampis), blanchaille ; œufs de poisson, tourtières au poisson
Viande	Steak, poulet et dinde grillés parés (dépiautés), gibier, lapin	Agneau, bœuf, porc maigre, bœuf haché maigre, burgers de viandes maigres grillées, jambon maigre, jambon fumé et bacon maigre, foie et rognons, saucisses allégées	Viandes grasses, grattons et peau de la viande ; canard, saucisses, chair à saucisse, pâté, œufs panés, tartes et feuilletés à la viande
Options végétariennes	Microprotéines, tofu, protéines de soja, légumineuses, châtaignes	Toutes les noix fraîches	Vérifier la teneur en matières grasses des plats végétariens précuisinés

	Meilleurs choix	Avec modération	À éviter
Œufs et produits laitiers	Blanc d'œuf, lait écrémé, yaourt allégé, fromage allégé : cottage, fromage frais sans matières grasses	Lait demi-écrémé, lait de soja, lait de chèvre et leurs produits dérivés ; yaourt grec, fromage frais, crème fraîche, lait en poudre ; fromage : fromage à pâte dure allégé, édam, brie, camembert, feta, ricotta, mozzarella, fromage à tartiner	Œufs entiers (un maximum de 4 par semaine) ; lait entier, lait condensé, crème ; fromage : cheddar, gouda, gruyère, roquefort, stilton, fromage à la crème
Huiles	Huile d'olive, huile de colza	Huile de tournesol, de maïs, de carthame, d'arachide et de sésame	Saindoux, suif, ghee et certaines huiles végétales, surtout l'huile de palme et de coco
Graisses tartinables	Margarines allégées aux stérols ou aux stanols végétaux	Margarines à l'huile d'olive, de colza, de tournesol et de soja	Beurre, margarines dures
Plats principaux	Pâtes avec sauce aux légumes, paella, kedgeree, brochettes préparées avec des aliments « meilleurs choix », soupes maison	Pizza, hachis parmentier, chili con carne, ragoûts maison	Poisson pané et frites, lasagnes, pâtes dans une sauce crémeuse, tartes, quiches, samosas, potages avec crème
Gâteaux et biscuits	Faits maison et préparés avec des ingrédients « meilleurs choix » ; pain suédois, galettes de riz, pain azyme, gressins	Brioches, scones, cakes maison ; biscuits sans sucre ou allégés en sucres, craquelins	Gâteaux : tout prêts, riches en crème ; beignets, pâtisseries, biscuits au chocolat
Flans et crèmes	Faits maison et préparés avec des ingrédients « meilleurs choix » ; meringue, flan au lait allégé en matières grasses, sorbet	Yaourt glacé, crème glacée, flan au lait, crumbles	Gâteau au fromage, flan à base de graisses animales
Assaisonnements, sauces, confitures et sucreries	Poivre, herbes fraîches, épices, jus de citron, vinaigre, ail, concentré de tomate, moutarde ; vinaigrettes et sauces maison préparées avec des ingrédients « meilleurs choix » ; confiture, marmelade, miel	Ketchup de tomates, sauce brune, sauce Worcestershire, marinades, extrait de bœuf en poudre ou liquide, cubes de bouillon, mayonnaise allégée et sauce à salade ; hoummos, beurre d'arachide	Sel, sauce à salade, mayonnaise, sauces crémeuses, sauces toutes prêtes, tartinade au chocolat, chocolats, toffees, fudge

Lisez les étiquettes !

Liste de vérification des étiquettes

Choisissez des aliments qui affichent les messages suivants :

- ❤ Alimentation saine
- ❤ Allégé en sucre, pauvre en calories
- ❤ Allégé en matières grasses, pauvre en matières grasses
- ❤ Sans sucre
- ❤ Allégé en sel

Mais soyez vigilant :

- ❤ Certains produits allégés en matières grasses peuvent être riches en sucre et donc plus caloriques que le produit normal.
- ❤ Les produits sans cholestérol peuvent contenir beaucoup de matières grasses et de calories.
- ❤ « Sans sucre » ne signifie pas faible en calories ou allégé en matières grasses ; de tels aliments peuvent au contraire contenir beaucoup de ces deux éléments.

Pour vous assurer de faire de bons choix lorsque vous achetez des produits alimentaires, n'oubliez jamais de lire les étiquettes. De nos jours, beaucoup d'aliments sont transformés et il est parfois difficile de savoir ce que l'on mange. Les aliments transformés doivent être accompagnés d'une étiquette énumérant les principaux ingrédients. Les ingrédients sont toujours énumérés par ordre de poids, pour que le principal ingrédient se trouve en première position.

Comme vous n'avez pas le temps de tout lire lorsque vous faites vos courses, voici les principales informations que vous pourrez vérifier en un clin d'œil.

Information nutritionnelle

Vérifiez l'énergie (kcal), les matières grasses et les graisses saturées pour 100 g (3 ½ oz) ou par portion. Effectuez une comparaison avec des produits similaires et choisissez la marque dont les chiffres sont les moins élevés. La teneur en matières grasses constitue probablement l'information la plus importante.

COMPRENDRE CE QU'EST LA TENEUR EN MATIÈRES GRASSES

Le tableau de la page suivante vous aidera à comprendre les informations associées à la teneur en matières grasses qui figurent sur une étiquette. Dans l'exemple donné, la pizza contient près de 20 g de matières grasses, soit entre un tiers et un cinquième de la quantité quotidienne recommandée.

VÉRIFIER LA TAILLE DES PORTIONS

Pour les aliments que vous consommez en grande quantité, vérifiez les données par portion. Pour les aliments et les en-cas que vous mangez en petite quantité, vérifiez les données pour 100 g. Utilisez le guide de calcul instantané figurant au bas de la page pour déterminer si chaque nutriment est présent en petite ou en grande quantité dans l'aliment. N'oubliez pas que les données que vous devez vérifier en priorité sont les calories, les matières grasses et le sodium (sel).

CALCULER LA TENEUR EN SEL

Si vous voulez connaître la teneur en sel d'un produit, multipliez la quantité de sodium par 2,5 (1 g de sodium pour 100 g (3 ½ oz) = 2,5 g de sel pour 100 g (3 ½ oz)). Essayez de maintenir votre apport quotidien en sodium à moins de 2,5 g = 2 500 mg de sodium = 6 g de sel. Ce n'est malheureusement pas évident dans la pratique puisque la plus grande partie de notre consommation quotidienne est constituée d'aliments transformés.

D'une manière générale, laissez de côté les aliments qui contiennent plus de 5 g de matières grasses pour 100 g (3 ½ oz), surtout lorsqu'il s'agit principalement de graisses saturées. Choisissez des huiles et des margarines riches en graisses monoinsaturées, et n'oubliez pas d'éviter les huiles végétales hydrogénées (gras trans).

Lire les étiquettes

L'exemple ci-dessous vous explique comment lire une étiquette alimentaire et obtenir l'information dont vous avez besoin. Utilisez-la parallèlement à l'information nutritionnelle de la page précédente et au guide de calcul instantané figurant au bas de la page pour vous assurer d'être informé sur ce que vous consommez.

protéines – mesurées en grammes (g)

• la plupart des gens consomment plus de protéines que nécessaire et il n'y a donc aucune directive à ce sujet

glucides – mesurés en grammes (g)

• inclut les sucres et les féculents

• comprend les sucres naturels et raffinés

• « dont sucre » est la quantité de glucides qui proviennent du sucre

fibres – mesurées en grammes (g)

• les fibres se trouvent dans les légumes, les fruits, les haricots et les légumineuses

• l'apport quotidien recommandé est de 18 g pour les adultes

sodium – mesuré en grammes (g)

L'apport quotidien recommandé est de 2,5 g pour les adultes

énergie – mesurée en calories (kcal)

• quantité d'énergie procurée par un aliment

• l'apport quotidien recommandé est de 2 500 kcal (10 450 KJ) pour les hommes et de 2 000 kcal (8 360 KJ) pour les femmes

matières grasses – mesurées en grammes (g)

• quantité totale de matières grasses dans l'aliment

• comprend les graisses saturées, polyinsaturées et monoinsaturées

• consommez le moins possible de graisses saturées

• l'apport quotidien recommandé est de 95 g pour les hommes et de 70 g pour les femmes

Pizza à la tomate et à la mozzarella

INGRÉDIENTS

Farine de blé, tomates (17 %), eau, mozzarella (13 %), huile d'olive, huile végétale, levure, origan

INFORMATION NUTRITIONNELLE (VALEURS TYPIQUES)

Par portion de 100 g		Par portion de 150 g (½ pizza)
énergie	229 kcal	344 kcal
	966 kJ	1445 kJ
protéines	8,8 g	13,2 g
glucides	33,6 g	50,4 g
matières grasses	6,6 g	9,9 g
(saturées)	2,8 g	4,2 g
(monoinsaturées)	2,6 g	4,0 g
(polyinsaturées)	1,2 g	1,7 g
fibres	2,0 g	3,0 g
sodium	2,7 g	4,1 g

GUIDE DE CALCUL INSTANTANÉ POUR LES ÉTIQUETTES ALIMENTAIRES (chiffres pour 100 g / 3 ½ oz)

Beaucoup		Peu	
	10 g de sucres		2 g de sucres
	20 g de matières grasses		3 g de matières grasses
	5 g de graisses saturées		1 g de graisses saturées
	3 g de fibres		0,5 g de fibres
	500 g de sodium		100 mg de sodium

Source : The British Heart Foundation

Recettes

Petits déjeuners

smoothie sunrise aux bananes et aux noix

Temps de préparation : 10 minutes

2 portions

INFORMATION NUTRITIONNELLE • Calories : 300 (1 254 KJ) • Matières grasses : 10 g, dont moins de 1 g de graisses saturées • Sodium : 110 mg

1 Mettre tous les ingrédients dans un robot culinaire jusqu'à l'obtention d'un mélange lisse et mousseux. Verser dans deux verres.

OU VOUS POURRIEZ ESSAYER...
Choisissez le mélange de fruits que vous voulez, préparez-les et mélangez-les simplement avec une poignée de glace pilée. Essayez un des mélanges suivants :
1 banane, 2 poignées de mûres fraîches ou surgelées, 1 poignée d'ananas frais coupé en morceaux, 150 ml (5 oz) de yaourt nature, 150 ml (5 oz) de lait écrémé ; ou 2 poignées de fraises fraîches, 1 poignée de framboises, 150 g (5 oz) de yaourt au soja à la fraise, 150 ml (5 oz) de lait de soja.

1 orange coupée en morceaux
1 banane
150 ml (5 oz) de lait écrémé
150 g (5 oz) de yaourt nature
25 g (1 oz) de noix
3 cuil. à café de miel

TRUCS NUTRITIONNELS
Les boissons fouettées représentent un bon moyen d'augmenter votre apport en protéines de soja. Utilisez du lait de soja et du yaourt au soja dans la recette ci-dessus pour obtenir 10 g de protéines de soja. Il y a 5 g de protéines de soja dans 150 ml (5 oz) de lait de soja et dans 150 g (5 oz) de yaourt au soja.

crêpes légères

Temps de préparation : 10 minutes, plus le temps de laisser reposer la pâte   **4 portions**

Durée de cuisson : 20 minutes

INFORMATION NUTRITIONNELLE* ○ Calories : 150 (630 KJ) ○ Matières grasses : 3 g, dont moins de 1 g de graisses saturées
○ Sodium : 60 mg

1 Tamiser la farine dans un saladier. Si vous utilisez de la farine de blé entier, récupérer le son resté dans le tamis et l'ajouter à la farine.

2 Battre les œufs, le lait et l'huile, puis ajouter doucement la farine au mélange. Remuer jusqu'à l'obtention d'une pâte lisse.

3 Laisser reposer environ 20 minutes, puis remuer de nouveau.

4 Chauffer un peu d'huile dans une poêle antiadhésive, ou utiliser le vaporisateur pour vaporiser dans la poêle un peu du mélange d'huile et d'eau. Lorsque l'huile est chaude, verser 2 cuillerées à soupe de la pâte dans la poêle et remuer celle-ci pour que le mélange s'étale bien.

5 Cuire la crêpe pendant 2 minutes jusqu'à ce que la face inférieure soit légèrement dorée, et la retourner pour cuire l'autre côté pendant environ 1 minute.

6 Garder les crêpes au chaud dans le four pendant la préparation – vous pouvez les empiler les unes sur les autres au fur et à mesure. Le mélange permet de préparer 8 crêpes. Servir avec la garniture de votre choix.

125 g (4 oz) de farine de blé entier
   ou autre farine de grains entiers
1 œuf
300 ml (10 oz) de lait écrémé (ou
   un peu plus si vous utilisez de la
   farine de blé entier)
1 cuil. à café d'huile végétale, plus
   une autre pour la cuisson, ou
   remplacez-la par un vaporisateur à base d'huile et d'eau
   (voir p. 14)

IDÉES DE GARNITURE
fruits frais coupés en morceaux
ananas coupé en morceaux,
   raisins et cannelle moulue
fromage cottage
fromage à la crème allégé
tartinade de fruits ou fruits
   en conserve

*valeurs par portion,
soit 2 crêpes sans garniture

pots de yaourt

Temps de préparation : moins de 5 minutes   **1 portion**

INFORMATION NUTRITIONNELLE* ● Calories : 84 (353 KJ) ● Matières grasses : 2 g, dont moins de 1 g de graisses saturées ● Sodium : 125 mg

1 Choisir au moins une idée d'aromatisation, et mélanger les ingrédients au yaourt.

OU VOUS POURRIEZ ESSAYER...
Manger des fruits au petit déjeuner permet de bien commencer la journée. Une portion équivalant à une poignée de fruits contient moins d'un gramme de graisses, et pas plus de 100 calories. Choisissez parmi ces deux mélanges de fruits tropicaux (2 portions), puis préparez les fruits et mélangez avec le jus de fruits frais :
1 mangue, 2 tranches d'ananas, 1 kiwi, 250 ml (8 oz) de jus d'ananas ; ou 4 fruits de la passion, 2 tranches de melon, 1 nectarine, 250 ml (8 oz) de jus de fruit de la passion ou de jus de fruits tropicaux.

150 g (5 oz) de yaourt nature ou
de yaourt au soja

IDÉES POUR AROMATISER
50 g (2 oz) de flocons d'avoine
3 cuil. à soupe de céréales non
sucrées
1 cuil. à soupe de pignons, de
graines de tournesol ou de
graines de citrouille
1 cuil. à soupe d'amandes effilées
1 cuil. à soupe de raisins secs
ou frais
1 fruit frais coupé en morceau, comme une pomme ou une banane
50 g (2 oz) d'abricots frais ou de figues fraîches coupés en morceaux
1 petite boîte de conserve de pêches, de poires ou d'ananas (dans un jus naturel sans sucre ajouté) égouttés et coupés en morceaux
1 pomme cuite à l'étuvée ou en compote avec une pincée de cannelle moulue
50 g (2 oz) de fruits secs coupés en morceaux

*valeurs pour un pot de yaourt nature de 100 g (5 oz)

gruau crémeux et petits fruits d'été

Temps de préparation : 5 minutes

Durée de cuisson : 10 à 20 minutes

INFORMATION NUTRITIONNELLE ○ Calories : 280 (1 176 KJ) ○ Matières grasses : 6 g, dont moins de 1 g de graisses saturées ○ Sodium : 60 mg

V   **2 portions**

1 Verser l'eau et les flocons d'avoine dans une casserole et porter à ébullition. Faire mijoter pendant 10 à 20 minutes en remuant de temps en temps.

2 Ajouter le lait écrémé à la préparation, mélanger et laisser mijoter quelques minutes supplémentaires.

3 Servir avec les petits fruits de votre choix.

OU VOUS POURRIEZ ESSAYER...

Essayez d'adoucir votre gruau avec un des mélanges de fruits suivants :

○ myrtilles, mûres, cassis ou groseilles

○ raisins et raisins secs

○ abricots et figues

○ bananes et noix

○ prunes et miel

600 ml (20 oz) d'eau

125 g (4 oz) de flocons d'avoine

150 ml (5 oz) de lait écrémé

1 poignée de petits fruits frais, surgelés (et préalablement dégelés), en conserve ou cuits, comme des framboises, des fraises, des myrtilles ou des airelles

TRUCS NUTRITIONNELS

L'avoine représente une des meilleures sources de bêta-glucane, qui est une fibre hautement soluble. L'apport recommandé pour diminuer le taux de cholestérol est de 3 g de bêta-glucane par jour, ce qui réduira votre cholestérol de 0,2 mmol/l (6 mg/dl). Ce bol de gruau diminuerait votre cholestérol de 0,1 mmol/l (4 mg/dl). Ce chiffre peut sembler modeste, mais il s'agit là d'un bon début. L'avoine a également un facteur d'indice glycémique faible, et il est donc efficace pour diminuer l'indice glycémique de l'alimentation dans son ensemble, et pour contrôler le poids, le glucose et le cholestérol.

müesli aux abricots et aux graines de citrouille

Temps de préparation : 10 minutes

2 portions

INFORMATION NUTRITIONNELLE   ● Calories : 340 (1 428 KJ)   ● Matières grasses : 12 g, dont moins de 1 g de graisses saturées   ● Sodium : 65 mg

1 Mettre l'avoine, les raisins, les graines, les amandes et les abricots dans un bol, et verser par-dessus le jus de fruits ou l'eau.

2 Ajouter la pomme râpée et mélanger.

3 Terminer en versant le lait, le lait de soja, le yaourt nature ou le yaourt au soja.

OU VOUS POURRIEZ ESSAYER...
Pour obtenir une texture plus lisse, laissez tremper l'avoine et les raisins secs dans le jus de fruits ou l'eau pendant toute la nuit.

50 g (2 oz) de gros flocons d'avoine

1 cuil. à soupe de raisins secs

1 cuil. à soupe de graines de citrouille ou de graines de tournesol

1 cuil. à soupe d'amandes effilées

25 g (1 oz) d'abricots secs coupés en morceaux

2 cuil. à soupe de jus de fruits, par exemple du jus de pomme ou d'ananas, ou d'eau

2 petites pommes pelées et râpées

3 cuil. à soupe de lait écrémé, de lait de soja, de yaourt nature ou de yaourt au soja

TRUCS NUTRITIONNELS

Les amandes et autres noix peuvent contribuer à réduire le risque de maladie cardiaque. Les noix sont riches en nutriments cardioprotecteurs, comme la vitamine E, le folate, le magnésium, le cuivre et l'arginine. Ce sont les amandes qui contiennent le plus de vitamine E, un antioxydant qui aurait la capacité de réduire le risque de maladie cardiaque en prévenant l'oxydation du cholestérol LDL.

en-cas

pâté au maquereau fumé et à la ciboulette

Temps de préparation : 10 minutes

8 portions

INFORMATION NUTRITIONNELLE ● Calories : 94 (395 KJ) ● Matières grasses : 7 g, dont moins de 1 g de graisses saturées
● Sodium : 183 mg

1 Déposer le maquereau et le fromage dans un saladier et bien mélanger pour former une pâte.

2 Ajouter le reste des ingrédients et bien mélanger. Il est également possible de mélanger tous les ingrédients dans un robot culinaire.

3 Déposer le mélange à l'aide d'une cuillère dans 8 ramequins indivi-duels, dans un plat de service ou dans un moule. Recouvrir et réfrigérer au moins 2 heures, ou jusqu'à 4 heures. Servir le pâté frais avec des bâtonnets de légumes (voir p. 30) et des tranches grillées de pain au blé entier.

OU VOUS POURRIEZ ESSAYER...
Utilisez un autre poisson riche en oméga-3 à la place du maquereau, comme des sardines, du saumon ou du thon en conserve (eau ou saumure) et égouttés.

200 g (7 oz) de maquereau fumé, sans peau, sans arêtes, et en morceaux
125 g (4 oz) de fromage frais
1 botte de ciboulette hachée
1 cuil. à soupe de vinaigrette allégée en matières grasses
1 cuil. à soupe de jus de citron

TRUCS NUTRITIONNELS
De tous les poissons gras, le maquereau est celui qui contient le plus d'acides gras oméga-3, alors mangez-en sous toutes ses formes – frais, en conserve ou fumé. C'est également un des poissons gras les moins chers.

hoummos

Temps de préparation : 10 minutes

 6 portions

INFORMATION NUTRITIONNELLE · Calories : 88 (370 KJ) · Matières grasses : 5 g, dont 0,6 g de graisses saturées
· Sodium : 93 mg

1 Déposer les pois chiches, le tahini, l'ail, le jus de citron et le cumin dans un robot culinaire. Bien mélanger, et ajouter un peu d'eau ou de bouillon si l'on souhaite obtenir une consistance moins épaisse. Goûter et ajouter de l'ail, du jus de citron ou du cumin si nécessaire.

2 Transvaser l'hoummos dans un saladier. Saupoudrer de paprika ou de persil haché. Servir accompagné de bâtonnets de légumes (voir p. 30) et de pain pita croustillant (voir ci-dessous) ou de pain turc. Vous pouvez également l'étaler sur du pain.

SERVIR AVEC...
Pain pita croustillant : découper un pain pita – blanc ou complet – en quatre ou huit morceaux. Séparer chaque morceau en deux. Déposer les morceaux en une seule couche sur une plaque de cuisson antiadhésive. Cuire dans un four préchauffé à 150 °C (300 °F), pendant 10 à 15 minutes, jusqu'à ce que les morceaux de pain soient croustillants.

250 g (8 oz) de pois chiches en
   boîte, rincés et égouttés
2 cuil. à soupe de tahini (pâte
   de graines de sésame)
3 gousses d'ail hachées
125 ml (4 oz) de jus de citron
1 pincée de cumin moulu
bouillon de légumes (voir p. 122)
   ou eau (facultatif)
paprika ou persil haché pour
   la garniture

trempette au poivron rouge et à la ciboule avec bâtonnets de légumes

Temps de préparation : 10 minutes
Durée de cuisson : 30 à 40 minutes

 4 portions

INFORMATION NUTRITIONNELLE* ⚪ Calories : 60 (252 KJ) ⚪ Matières grasses : 1 g, dont moins de 0,5 g de graisses saturées
⚪ Sodium : 2 mg

1 Écraser un peu les quartiers de poivron et les déposer sur une plaque à pâtisserie. Entourer les gousses d'ail de papier aluminium et les déposer sur la plaque. Rôtir dans un four préchauffé à 220 °C (425 °F), pendant 30 à 40 minutes, jusqu'à ce que le poivron ait légèrement bruni et que les gousses se soient ramollies.

2 Lorsque les poivrons ont suffisamment refroidi, en retirer la peau et la jeter. Déposer le poivron dans un saladier.

3 Presser les gousses d'ail pelées au-dessus du saladier.

4 À l'aide d'une fourchette, mélanger grossièrement le poivron et l'ail. Ajouter le yaourt au soja et la ciboule. Assaisonner avec du poivre. Servir avec les bâtonnets de légumes.

1 gros poivron rouge, évidé et
   coupé en quartiers
2 gousses d'ail non pelées
250 g (8 oz) de yaourt au soja
2 ciboules émincées
poivre noir fraîchement moulu
plusieurs légumes crus, par
   exemple carottes, concombres,
   poivrons, fenouil, tomates, maïs
   miniature, pois mange-tout,
   céleri, courgettes, coupés en
   bâtonnets

* concerne seulement la trempette

TRUCS NUTRITIONNELS
*Cette trempette au soja vous four-
nira 2 g de protéines de soja.
Des recherches ont démontré qu'un
apport quotidien de 25 g de protéines de soja pouvait réduire considérablement le cholestérol total, de
même que le cholestérol LDL (« mau-
vais » cholestérol), s'il fait partie
d'une alimentation saine.*

soupe épicée aux lentilles et aux tomates

Temps de préparation : 20 minutes
Durée de cuisson : 40 à 50 minutes

INFORMATION NUTRITIONNELLE* ● Calories : 288 (1 210 KJ) ● Matières grasses : 2 g, dont moins de 1 g de graisses saturées
● Sodium : 117 mg

 4 portions

1 Chauffer l'huile dans une grande poêle, ajouter l'oignon, l'ail et le piment (facultatif), et remuer délicatement pendant 4 à 5 minutes, ou jusqu'à ce que les ingrédients aient ramolli.

2 Ajouter les lentilles, la feuille de laurier, le céleri, les carottes, le poireau et le bouillon. Couvrir et porter à ébullition, puis baisser le feu et laisser mijoter pendant 30 à 40 minutes, ou jusqu'à ce que les lentilles soient tendres. Retirer la feuille de laurier.

3 Ajouter les tomates, le concentré de tomate, le curcuma, le gingembre, la coriandre et le poivre au goût. Laisser refroidir un peu, puis transvaser le mélange dans un robot culinaire. Mixer jusqu'à l'obtention d'une pâte lisse, et ajouter un peu de bouillon ou d'eau si nécessaire.

4 Chauffer de nouveau, puis servir garni d'un peu de yaourt. Vous pouvez l'accompagner de pain complet croustillant.

1 cuil. à soupe d'huile végétale
1 gros oignon émincé
2 gousses d'ail émincées
1 petit piment vert évidé et émincé
  (facultatif)
250 g (8 oz) de lentilles rouges,
  nettoyées et égouttées
1 feuille de laurier
3 branches de céleri émincées
3 carottes émincées
1 poireau émincé
1,5 l (50 oz) de bouillon de légumes
  (voir p. 122)
400 g (13 oz) de tomates hachées
  en conserve
2 cuil. à soupe de concentré de tomate
½ cuil. à café de curcuma moulu
½ cuil. à café de gingembre moulu
1 cuil. à soupe de coriandre fraîche
  hachée
poivre noir fraîchement moulu
yaourt nature pour la garniture

TRUCS NUTRITIONNELS

Toutes les légumineuses – haricots, pois et lentilles – sont riches en fibres solubles, ce qui favorise la réduction du cholestérol. Elles permettent également d'apporter aux soupes un pouvoir rassasiant ; et c'est le cas de celle-ci !

soupe aux patates douces et à la courge musquée

Temps de préparation : 20 minutes

Durée de cuisson : 30 minutes

 4 portions

INFORMATION NUTRITIONNELLE ○ Calories : 260 (1 092 KJ)   ○ Matières grasses : 6 g, dont moins de 1 g de graisses saturées
○ Sodium : 206 mg

1 Chauffer l'huile dans une grande poêle et ajouter l'oignon et l'ail. Couvrir et remuer délicatement pendant 10 minutes, en s'assurant qu'ils ne brunissent pas.

2 Ajouter les épices, le gingembre, le piment, le zeste de citron et le miel, puis remuer pendant 30 secondes, et ajouter ensuite les patates douces, la courge musquée, la moitié du jus de citron et le bouillon.

3 Couvrir et porter à ébullition. Réduire le feu et laisser mijoter environ 10 minutes, jusqu'à ce que les légumes soient presque tendres. Ajouter les pois chiches. Vérifier l'assaisonnement et ajouter du poivre au goût. Laisser mijoter 10 minutes de plus, puis ajouter, au goût, le jus de citron restant.

4 Laisser refroidir légèrement, puis verser dans un robot culinaire, et mélanger jusqu'à ce que la préparation soit bien lisse, en ajoutant du bouillon si nécessaire. Réchauffer doucement et ajouter la coriandre fraîche juste avant de servir.

1 cuil. à soupe d'huile végétale

1 oignon émincé

2 gousses d'ail émincées

1 cuil. à café de graines de cumin

1 cuil. à café de coriandre moulue

1 cm (½ po) de gingembre frais, pelé et râpé finement

1 piment vert évidé et émincé

jus et zeste râpé finement d'un citron

1 cuil. à café de miel

375 g (12 oz) de patates douces pelées et coupées en petits morceaux

375 g (12 oz) de courge musquée pelée et coupée en petits morceaux

1,2 litre (40 oz) de bouillon de poulet (voir p. 122)

250 g (8 oz) de pois chiches en conserve, rincés et égouttés

une poignée de feuilles de coriandre fraîche hachées

soupe au fenouil et aux haricots blancs

Temps de préparation : 15 minutes
Durée de cuisson : 30 minutes

(V)   **4 portions**

INFORMATION NUTRITIONNELLE ○ Calories : 155 (657 KJ) ○ Matières grasses : 1 g, dont moins de 1 g de graisses saturées
○ Sodium : 550 mg

1 Verser 300 ml (10 oz) du bouillon dans une grande casserole. Ajouter le fenouil, l'oignon, la courgette, la carotte et l'ail. Couvrir et porter à ébullition. Continuer à faire bouillir pendant 5 minutes, puis retirer le couvercle, baisser le feu et remuer délicatement pendant environ 20 minutes, jusqu'à ce que les légumes soient tendres.

2 Ajouter les tomates, les haricots et la sauge. Poivrer au goût et verser le bouillon restant. Laisser mijoter pendant 5 minutes, puis laisser légèrement refroidir la soupe.

3 Transvaser 300 ml (10 oz) de la soupe dans un robot culinaire, afin d'obtenir un mélange lisse. Remettre ce mélange dans la casserole et faire réchauffer doucement.

900 ml (30 oz) de bouillon de
   légumes (voir p. 122)
2 bulbes de fenouil parés et hachés
1 oignon haché
1 courgette hachée
1 carotte hachée
2 gousses d'ail émincées
6 tomates émincées ou 400 g
   (13 oz) de tomates en conserve
2 x 400 g (13 oz) de haricots
   blancs en conserve rincés et
   égouttés
2 cuil. à soupe de sauge hachée
poivre noir fraîchement moulu

TRUCS NUTRITIONNELS
Lorsque vous choisissez des légumes en conserve, privilégiez les variétés sans sel ajouté. Si vous n'en trouvez pas, rincez et égouttez les légumes, comme les haricots et le maïs, afin de retirer une partie du sel.

pâtes méditerranéennes rapides

Temps de préparation : 10 minutes
Durée de cuisson : 20 minutes

(V)   **4 portions**

INFORMATION NUTRITIONNELLE   • Calories : 305 (1 281 KJ)   • Matières grasses : 3 g, dont moins de 1 g de graisses saturées
• Sodium : 54 mg

1 Mettre tous les ingrédients, à l'exception des pâtes et du parmesan, dans une casserole, et faire mijoter, non couvert, pendant 15 minutes.

2 Pendant ce temps, cuire les pâtes en suivant les directives sur l'emballage jusqu'à ce qu'elles soient tendres.

3 Laisser légèrement refroidir la sauce, puis transvaser dans un robot culinaire. Mixer jusqu'à l'obtention d'une pâte lisse.

4 Égoutter les pâtes et les verser dans la casserole avec la sauce. Saupoudrer de parmesan au besoin et servir accompagné d'une salade verte et d'un morceau de pain.

OU VOUS POURRIEZ ESSAYER...
Essayez d'ajouter quelques-uns des ingrédients suivants
à la sauce pour varier les saveurs :
• Légumes fraîchement cuits à la vapeur
• Haricots en conserve rincés et égouttés
• Thon rincé et égoutté
• Olives dénoyautées
• Une poignée de noix

400 g (13 oz) de tomates
   hachées en conserve
1 oignon haché
1 gousse d'ail hachée
2 cuil. à soupe de basilic haché
1 cuil. à café de romarin séché
1 verre de vin rouge (facultatif)
375 g (12 oz) de pâtes
parmesan (facultatif)

peaux de pomme de terre croustillantes

Temps de préparation : 10 minutes
Durée de cuisson : 25 à 30 minutes

(V) **2 portions**

INFORMATION NUTRITIONNELLE ● Calories : 115 (483 KJ) ● Matières grasses : moins d'un gramme, dont une quantité négligeable de graisses saturées ● Sodium : 10 mg

1 Brosser les pommes de terre et les placer dans un four préchauffé à 220 °C (425 °F), pendant une heure et quart, jusqu'à ce qu'elles soient tendres. Vous pouvez également les piquer avec une fourchette, les déposer dans le four à micro-ondes sur un papier de cuisson et les cuire à la puissance maximale (100 %) pendant 6 minutes, puis les retourner et les cuire 7 minutes de plus, ou suivre les instructions du guide de votre four.

2 Couper les pommes de terre en deux et retirer la chair en vous assurant qu'il en reste suffisamment pour que la peau ait une épaisseur d'environ 6 mm (¼ po) d'épaisseur. (Conservez la chair pour une autre recette, par exemple une purée ou une soupe). Couper chaque moitié en deux dans le sens de la longueur.

3 Vaporiser un peu de mélange d'huile et d'eau sur une feuille de cuisson antiadhésive. Déposer les quartiers sur la feuille de cuisson, peau vers le bas, et les vaporiser avec le mélange d'huile et d'eau. Les cuire dans un four préchauffé à 200 °C (400 °F), pendant 25 à 35 minutes, jusqu'à ce qu'elles soient dorées et bien croustillantes. Servir immédiatement.

OU VOUS POURRIEZ ESSAYER...

Elles sont délicieuses si on y rajoute une pincée de poivre noir et quelques gouttes de jus de citron, et si on les accompagne d'hoummos (voir p. 45) ou d'une trempette au poivron rouge et à la ciboule (voir p. 46). Elles peuvent également être servies comme accompagnement avec une viande, de la volaille ou du poisson si vous voulez manger un plat de pommes de terre avec une texture croustillante.

2 grosses pommes de terre à cuisson
vaporisateur à base d'huile et d'eau (voir p. 14)

TRUCS NUTRITIONNELS

Grâce au vaporisateur à base d'huile et d'eau, ces peaux de pomme de terre se transforment en en-cas réellement faible en matières grasses comparativement à la version traditionnelle, qui est en outre souvent garnie de bacon grillé et de fromage, et allègrement trempée dans de la crème.

crostinis à l'ail, aux petits pois et au parmesan

Temps de préparation : 25 minutes

Durée de cuisson : 55 minutes

(V)   **8 portions**

INFORMATION NUTRITIONNELLE ◍ Calories : 200 (840 KJ) ◍ Matières grasses : 12 g, dont 2 g de graisses saturées ◍ Sodium : 228 mg

1 Rôtir l'ail en suivant la méthode proposée pour la purée à l'ail (voir p. 72).

2 Pendant ce temps, préparer les crostinis en coupant le pain en approximativement 40 morceaux de ½ à 1 centimètre (entre ¼ et ½ po) d'épaisseur. À l'aide du vaporisateur ou d'un pinceau, recouvrir légèrement chaque côté des morceaux de pain d'huile d'olive.

3 Déposer les morceaux de pain sur une plaque et les cuire dans un four préchauffé à 200 °C (400 °F), pendant 5 à 10 minutes, en les retournant dès qu'ils commencent à dorer. Retirer du four et laisser refroidir.

4 Cuire les petits pois dans une casserole d'eau bouillante jusqu'à ce qu'ils soient tendres. Les égoutter et les verser dans un robot culinaire, ou les écraser dans un saladier à l'aide d'une fourchette. Séparer les gousses d'ail, en presser la chair et la rajouter aux petits pois avec la margarine et le parmesan. Mélanger pour obtenir une purée onctueuse. Laisser refroidir avant d'étaler sur les crostinis. Garnir au besoin avec du persil ou de la menthe.

1 tête d'ail
1 baguette de pain
vaporisateur à base d'huile d'olive et d'eau (voir p. 14) ou un peu d'huile d'olive
200 g (7 oz) de petits pois surgelés
1 cuil. à soupe de margarine avec graisses non saturées
2 cuil. à soupe de parmesan fraîchement râpé
1 cuil. à soupe de menthe hachée
persil pour la garniture

AUTRES GARNITURES DE CROSTINIS
Fromage à la crème allégée et crevettes
Sauce pesto aux tomates ou au basilic
Tapenade d'olives vertes
Pâté au maquereau fumé et à la ciboulette (voir p. 28)
Fromage de chèvre
Hommos (voir p. 29)

TRUCS NUTRITIONNELS
Les crostinis, préparés avec de l'huile d'olive, respectent la règle du régime méditerranéen en termes de hors-d'œuvre ou d'en-cas. L'huile d'olive est riche en graisses monoinsaturées et en vitamine E. Ajoutez des légumes à la garniture pour plus de nutriments antioxydants.

légumes méditerranéens et salade aux noix

Temps de préparation : 30 minutes   Ⓥ   **6 portions**

INFORMATION NUTRITIONNELLE   ● Calories : 300 (1 260 KJ)   ● Matières grasses : 13 g, dont moins de 1 g de graisses saturées   ● Sodium : 550 mg

1 Chauffer les noix dans une poêle sur feu moyen pendant 1 ou 2 minutes, jusqu'à ce qu'elles soient légèrement dorées.

2 Mélanger la vinaigrette et les olives dans un petit saladier.

3 Mélanger les pois chiches, le poivron, la carotte et la ciboule dans un saladier moyen. Rajouter 3 cuillerées à soupe de vinaigrette.

4 Verser la vinaigrette restante sur le mélange d'épinards et de salade. Transvaser dans un grand saladier et recouvrir du mélange de légumes, puis saupoudrer de noix.

75 g (3 oz) de noix hachées
75 ml (3 oz) de vinaigrette aux olives (voir p. 123)
1 cuil. à soupe d'olives dénoyautées
400 g (13 oz) de pois chiches en conserve
1 poivron rouge évidé et émincé
1 grosse carotte coupée en bâtonnets
1 petite ciboule émincée
4 poignées de bébés épinards
4 poignées de feuilles de salade verte

TRUCS NUTRITIONNELS

Les noix constituent une des meilleures sources d'acides gras oméga-3 d'origine végétale. Une poignée de noix fournit autant d'oméga-3 qu'une portion de 75 g (3 oz) de saumon. L'huile de noix est également riche en oméga-3.

salade de chou de style oriental

Temps de préparation : 20 minutes **6 portions**

INFORMATION NUTRITIONNELLE ○ Calories : 160 (672 KJ) ○ Matières grasses : 10 g, dont moins de 1 g de graisses saturées
○ Sodium : 35 mg

1 Déposer les ingrédients de la salade dans un grand saladier et remuer pour qu'ils se mélangent bien.

2 Pour la vinaigrette, chauffer les graines de sésame dans une petite casserole, sans matières grasses, à feu moyen, en remuant fréquemment la casserole pendant 2 ou 3 minutes, jusqu'à ce qu'elles soient grillées.

3 Rajouter les autres ingrédients de la vinaigrette. Retirer la casserole du feu et verser immédiatement la vinaigrette sur la salade. Bien mélanger.

Ou vous pourriez essayer...
Pour une variante de la salade de chou ci-dessus, remplacez certains ingrédients par les suivants : chou blanc, fenouil, céleri, oignons, pommes, oranges, graines de tournesol, graines de citrouille, fruits secs, comme des raisins et des abricots secs, noix, pignons, ail, herbes fraîches.

1 radis blanc coupé en minces bâtonnets dans le sens de la longueur
1 grosse carotte coupée en minces bâtonnets dans le sens de la longueur
½ chou chinois déchiqueté
¼ chou rouge déchiqueté
2 ciboules coupées en minces bâtonnets dans le sens de la longueur
18 pois mange-tout coupés en minces bâtonnets dans le sens de la longueur
50 g (2 oz) d'épinards déchiquetés
50 g (2 oz) de figues fraîches ou séchées, coupées en quartiers dans le sens de la longueur
75 g (3 oz) d'amandes effilées

VINAIGRETTE
2 cuil. à soupe de graines de sésame
3 cuil. à café de gingembre frais râpé
1 cuil. à café de sucre
3 cuil. à soupe de xérès ou de vinaigre de vin de riz
2 cuil. à café d'huile d'arachide
2 cuil. à café de sauce soja allégée en sel
quelques gouttes d'huile de sésame (facultatif)

salade de betteraves, d'épinards et d'oranges

Temps de préparation : 20 minutes

Durée de cuisson : 1 à 2 heures

INFORMATION NUTRITIONNELLE   ○ Calories : 125 (525 KJ)   ○ Matières grasses : 2 g, dont 1 g de graisses saturées
○ Sodium : 410 mg

(V)   **4 portions**

1 Pour cuire les betteraves, les déposer sur un morceau de papier aluminium suffisamment large pour pouvoir le refermer après avoir ajouté l'ail et l'origan. Poivrer au goût et verser en petites rasades l'huile et le vinaigre.

2 Refermer le papier aluminium en papillote. Déposer sur une plaque à pâtisserie et cuire dans un four préchauffé à 200 °C (400 °F), pendant une heure ou deux, en fonction de la taille des betteraves, jusqu'à ce que celles-ci soient tendres.

3 Retirer du four et laisser refroidir les betteraves avant de les peler et de les couper en morceaux. Jeter l'ail.

4 Intercaler dans un grand saladier des couches d'épinards (en commençant par ceux-ci), de betteraves et d'oranges.

5 Verser la vinaigrette et poivrer au goût. Garnir avec de l'origan.

OU VOUS POURRIEZ ESSAYER...

Les betteraves cuites sont également délicieuses servies chaudes pour accompagner une viande ou un poisson, ou grossièrement écrasées pour faire une purée, laquelle peut être parfumée avec l'ail utilisé pour la cuisson.

500 g (1 lb) de betteraves crues entières, de préférence de la même grosseur

2 gousses d'ail

une poignée de feuilles d'origan

1 cuil. à café d'huile d'olive

1 cuil. à soupe de vinaigre balsamique

200 g (7 oz) de bébés épinards

2 oranges coupées en quartiers

5 cuil. à soupe de vinaigrette aux olives (voir p. 123)

poivre noir fraîchement moulu

origan haché pour la garniture

TRUCS NUTRITIONNELS

La betterave contribue considérablement à la santé du cœur puisqu'elle contient des antioxydants en grande quantité, comme le révèle sa magnifique couleur. Elle contient également d'autres vitamines et minéraux bénéfiques, comme le bêta-carotène, les vitamines B6 et C, l'acide folique, le manganèse, le calcium, le magnésium, le fer, le potassium et le phosphore – tous très importants pour la santé du cœur. La betterave a un goût sucré, mais elle contient pourtant très peu de calories. À poids égal, elle en contient moins que la pomme.

taboulé

Temps de préparation : 15 minutes, plus le temps nécessaire aux grains pour gonfler

 6 portions

INFORMATION NUTRITIONNELLE ◆ Calories : 134 (563 KJ) ◆ Matières grasses : 22 g, dont moins de 1 g de graisses saturées ◆ Sodium : 8 mg

1 Déposer le boulgour dans un bol. Verser l'eau bouillante pour le recouvrir et laisser reposer pendant 45 à 60 minutes, jusqu'à ce que les grains aient gonflé et soient tendres.

2 Égoutter en appuyant sur les grains pour retirer l'excédent d'eau. Verser dans un saladier. Ajouter l'oignon, les tomates, le concombre, le persil et la menthe. Mélanger.

3 Pour la vinaigrette, verser tous les ingrédients dans un bocal, mettre le couvercle et bien remuer. Verser sur la salade et mélanger. Couvrir et réfrigérer jusqu'au dernier moment. Le taboulé peut être conservé ainsi au frais jusqu'à 2 ou 3 jours.

OU VOUS POURRIEZ ESSAYER...
Le taboulé peut prendre toutes les formes et il constitue un accompagnement idéal aux plats de poisson et de viande, comme le maquereau poché à l'orange et au cidre (voir p. 65) ou le ragoût turc à l'agneau et aux pommes de terre (voir p. 105). Il est également savoureux en garniture d'une pomme de terre cuite ou dans un pain pita.

175 g (6 oz) de boulgour
300 ml (10 oz) d'eau bouillante
1 oignon rouge émincé
3 tomates coupées en dés
¼ concombre haché
10 cuil. à soupe de persil haché
5 cuil. à soupe de menthe hachée

VINAIGRETTE
100 ml (3 ½ oz) de jus de citron
2 cuil. à café d'huile d'olive
poivre noir fraîchement moulu

salade au thon et aux trois haricots

Temps de préparation : 15 minutes

Durée de cuisson : 5 minutes

INFORMATION NUTRITIONNELLE ● Calories : 130 (546 KJ) ● Matières grasses : 3 g, dont moins de 1 g de graisses saturées ● Sodium : 560 mg

6 portions

1 Si vous utilisez des haricots verts frais, les cuire légèrement dans de l'eau bouillante, à la vapeur ou dans le four micro-ondes pendant 4 à 5 minutes. Les passer sous l'eau froide, puis bien égoutter.

2 Séparer le thon en morceaux et le déposer dans un saladier avec les haricots et l'oignon.

3 Mélanger les ingrédients de la vinaigrette et la verser sur le mélange de haricots et de thon.

4 Remuer délicatement et garnir avec les olives. Servir sur un lit de salade.

175 g (6 oz) de haricots verts en conserve, frais ou surgelés

200 g (7 oz) de thon en conserve, rincé et égoutté

175 g (6 oz) de haricots blancs en conserve, rincés et égouttés

175 g (6 oz) de haricots rouges en conserve, rincés et égouttés

1 oignon émincé

12 olives pour la garniture

quelques feuilles de salade

VINAIGRETTE

1 cuil. à café de moutarde de Dijon

2 cuil. à café de vinaigre balsamique

1 cuil. à soupe d'huile d'olive

1 cuil. à soupe de concentré de tomate

1 petite gousse d'ail écrasée

2 cuil. à soupe de persil haché

une pincée de basilic ou d'origan séché

poivre noir fraîchement moulu

TRUCS NUTRITIONNELS

Ce plat est riche en haricots qui contiennent beaucoup de nutriments cardioprotecteurs. Ils sont délicieux accompagnés de thon en conserve allégé en matières grasses. Servie avec une vinaigrette de type méditerranéen, cette salade est un complément sain à n'importe quel repas.

salade de couscous aux oranges et aux amandes

Temps de préparation : 15 minutes, plus le temps nécessaire
aux grains pour gonfler
Durée de cuisson : 5 minutes
INFORMATION NUTRITIONNELLE ● Calories : 160 (672 KJ) ● Matières grasses : 4 g, dont 0,3 g de graisses saturées ● Sodium : 6 mg

(V)   **6 portions**

1 Verser le jus de pomme dans une casserole et porter à ébullition. Ajouter le couscous. Retirer la casserole du feu. Recouvrir et laisser reposer 10 minutes. Remuer avec une fourchette.

2 Ajouter le poivre, les herbes et les raisins de Corinthe au couscous. Mélanger. Transvaser dans un plat de service. Garnir avec les morceaux d'oranges et d'oignons.

3 Pour la vinaigrette, verser les ingrédients dans une petite casserole et chauffer doucement pour que le miel se dissolve - mais sans porter à ébullition. Verser sur la salade. Saupoudrer d'amandes.

250 ml (8 oz) de jus de pomme
175 g (6 oz) de couscous
½ poivron rouge évidé et coupé
  en dés
4 cuil. à soupe de persil haché
3 cuil. à soupe de menthe hachée
25 g (1 oz) de raisins de Corinthe
2 oranges coupées en quartiers
1 oignon rouge haché
25 g (1 oz) d'amandes effilées

VINAIGRETTE
Jus de 1 orange
Jus de 1 citron jaune ou vert
2 cuil. à café d'huile d'olive ou
  de noisette
1 cuil. à café de miel

TRUCS NUTRITIONNELS
Les amandes (voir également
la section « Trucs nutritionnels »
de la page 26) contiennent de
l'arginine amino-acide (parmi
d'autres nutriments essentiels),
censée améliorer la santé des
parois artérielles et réduire le
risque de maladie cardiaque.

ratatouille caponata

Temps de préparation : 20 minutes

Durée de cuisson : 40 minutes

INFORMATION NUTRITIONNELLE ● Calories : 90 (672 KJ) ● Matières grasses : 4 g, dont 1 g de graisses saturées ● Sodium : 155 mg

(V) **6 portions**

1 Couper les aubergines et l'oignon en morceaux de 1 cm (½ po).

2 Chauffer l'huile dans une poêle antiadhésive jusqu'à ce qu'elle soit très chaude, puis ajouter l'aubergine et la faire frire environ 15 minutes jusqu'à ce qu'elle soit bien tendre. Ajouter un peu d'eau bouillante si nécessaire pour éviter que l'aubergine colle à la poêle.

3 Pendant ce temps, mettre l'oignon et le céleri dans une casserole avec un peu d'eau ou de vin. Chauffer pendant 5 minutes, jusqu'à ce que les légumes soient tendres mais encore fermes.

4 Ajouter les tomates, le thym, le poivre de Cayenne et les aubergines. Chauffer 15 minutes en remuant de temps en temps.

5 Ajouter les câpres, les olives, le vinaigre blanc, le sucre et la poudre de cacao (si désiré) et cuire 2 à 3 minutes. Assaisonner avec du poivre et garnir avec des amandes et du persil. Servir chaud ou froid comme plat d'accompagnement ou comme plat principal. Vous pouvez servir la ratatouille avec de la polenta chaude et du pain chaud croustillant.

750 g (1½ lb) d'aubergines
1 gros oignon espagnol
1 cuil. à soupe d'huile d'olive
3 branches de céleri hachées
    grossièrement
un peu de vin (facultatif)
2 grosses tomates pelées et égrenées
1 cuil. à café de thym haché
entre ¼ et ½ cuil. à café de poivre
    de Cayenne
2 cuil. à soupe de câpres
une poignée d'olives vertes
    dénoyautées
4 cuil. à soupe de vinaigre blanc
1 cuil. à soupe de sucre
1 à 2 cuil. à soupe de poudre de
    cacao (facultatif)
poivre noir fraîchement moulu

GARNITURE
amandes hachées grillées
persil haché

TRUCS NUTRITIONNELS
Les aubergines peuvent absorber beaucoup de matières grasses lorsqu'elles sont frites, et il est donc important de mesurer la quantité d'huile d'olive utilisée et de ne pas être tenté d'en rajouter. Au lieu d'utiliser de l'huile, vous pouvez faire sauter des légumes dans du vin, de l'eau ou du bouillon pour un résultat savoureux.

haricots pinto et borlotti épicés avec sauce tomate

Temps de préparation : 10 minutes

Durée de cuisson : 20 minutes

INFORMATION NUTRITIONNELLE ● Calories : 170 (714 KJ) ● Matières grasses : 1 g, dont moins 1 g de graisses saturées ● Sodium : 160 mg

Ⓥ **4 portions**

1 Mélanger les oignons, l'ail, le piment, les épices et 300 ml (10 oz) du bouillon de légumes dans une poêle. Couvrir et porter à ébullition pendant 5 minutes. Retirer le couvercle et laisser mijoter pendant environ 5 minutes, jusqu'à ce que les oignons soient tendres et que le liquide se soit presque entièrement évaporé.

2 Ajouter le bouillon restant, les haricots et la passata. Laisser mijoter, partiellement couvert, pendant environ 10 minutes, jusqu'à épaississement.

3 Ajouter le jus de citron et les herbes. Poivrer au goût. Ce plat peut remplacer des haricots frits dans le cadre d'un repas mexicain. Vous pouvez utiliser n'importe quelle sorte de haricots en conserve, mais les haricots pinto et borlotti donnent une belle couleur rosée à ce plat.

2 oignons hachés

4 gousses d'ail écrasées

1 piment égrené et haché

1 cuil. à soupe de cumin moulu

½ cuil. à soupe de coriandre moulue

375 ml (13 oz) de bouillon de légumes (voir p. 122)

300 g (10 oz) de haricots pinto en conserve, rincés et égouttés

300 g (10 oz) de haricots borlotti en conserve, rincés et égouttés

300 ml (10 oz) de passata (coulis de tomate)

jus de 1 citron

2 cuil. à soupe de persil, de menthe et de coriandre hachés

poivre noir fraîchement moulu

TRUCS NUTRITIONNELS

Les protéines provenant des légumineuses sont précieuses, mais elles le sont encore plus lorsqu'elles sont combinées à des protéines provenant de céréales. Ce principe nutritionnel ne vous est peut-être pas familier, mais en voici des exemples : soupe aux lentilles avec du pain, dhal indien avec du riz ou des chapatis, et haricots épicés avec des tortillas.

bhaji aux champignons et aux petits pois

Temps de préparation : 10 minutes

Durée de cuisson : 20 minutes

  4 portions

INFORMATION NUTRITIONNELLE   ● Calories : 90 (378 KJ)   ● Matières grasses : 4 g, dont 0,5 g de graisses saturées
● Sodium : 15 mg

1 Chauffer l'huile dans une casserole, ajouter l'oignon et frire légèrement pendant 2 à 3 minutes jusqu'à ce que l'oignon commence à se ramollir. Ajouter les graines de cumin et de moutarde, et chauffer pendant 2 ou 3 minutes en remuant.

2 Ajouter les tomates, le piment, les champignons et les petits pois. Remuer et chauffer 2 minutes.

3 Ajouter la poudre de chili et le curcuma, bien mélanger, puis cuire, sans couvrir, pendant 5 à 7 minutes.

4 Assaisonner avec le poivre, l'ail et la coriandre, et cuire pendant 5 minutes, jusqu'à ce que le mélange soit presque sec. Garnir avec les ciboules ou la ciboulette. Vous pouvez servir ce plat en accompagnement d'un poulet tandoori (voir p. 104) ou d'un curry kofta (voir p. 106).

2 cuil. à soupe d'huile végétale

50 g (2 oz) d'oignons émincés

¼ cuil. à café de graines de cumin broyées

¼ cuil. à café de graines de moutarde

125 g (4 oz) de tomates hachées

1 piment vert égrené et émincé

425 g (14 oz) de champignons de Paris coupés en deux (ou en quartiers s'ils sont gros)

150 g (5 oz) de petits pois surgelés

½ cuil. à café de poudre de chili

¼ cuil. à café de curcuma

1 poivron rouge évidé et émincé

4 gousses d'ail écrasées

2 cuil. à soupe de feuilles de coriandre fraîche

ciboules ou ciboulette hachée pour la garniture

légumes racines rôtis épicés

Temps de préparation : 20 minutes

Durée de cuisson : 40 minutes

INFORMATION NUTRITIONNELLE ○ Calories : 100 (420 KJ) ○ Matières grasses : 4 g, dont moins de 1 g de graisses saturées
○ Sodium : 30 mg

(V)   **6 portions**

1 Déposer tous les légumes et l'ail sur une grosse plaque à rôtir. Saupoudrer les graines broyées et presser la pulpe du gingembre pour en extraire le jus. Poivrer au goût et parsemer d'huile.

2 Rôtir dans un four préchauffé, à 200 °C (400 °F), pendant 30 minutes, en remuant de temps en temps.

3 Verser le vin et remettre au four 10 minutes. Garnir avec du persil. Servir comme plat d'accompagnement ou comme plat principal, avec du pain frais grillé et du fromage allégé.

4 carottes coupées en diagonale en gros morceaux

250 g (8 oz) de navet coupé en cubes

250 g (8 oz) de patates douces coupées en cubes

1 oignon coupé en 8 morceaux

2 poireaux coupés en diagonale en morceaux épais

6 gousses d'ail

½ cuil. à café de graines de moutarde ou de cumin légèrement broyées

½ cuil. à café de graines de coriandre légèrement écrasées

2 cm (1 po) de morceau de gingembre frais pelé et râpé finement

1 cuil. à soupe d'huile d'olive

100 ml (3 ½ oz) de vin blanc sec

poivre noir fraîchement moulu

1 cuil. à soupe rase de persil pour la garniture

TRUCS NUTRITIONNELS

L'ail est censé être bon pour le cœur, mais cette théorie n'est pas appuyée par un nombre suffisant d'essais scientifiques pour pouvoir être confirmée. Il contient une substance connue sous le nom d'allicine, laquelle dilate les vaisseaux sanguins et réduit la formation de caillots sanguins.

sauté rapide aux légumes

Temps de préparation : 10 minutes

Durée de cuisson : 10 minutes

(V) **6 portions**

INFORMATION NUTRITIONNELLE ○ Calories : 300 (1 260 KJ) ○ Matières grasses : 12 g, dont 2 g de graisses saturées ○ Sodium : 775 mg

1 Cuire les nouilles en suivant les instructions figurant sur l'emballage.

2 Pendant ce temps, chauffer l'huile dans un wok ou dans une poêle sur feu vif. Ajouter le maïs miniature, les pois mange-tout et le poivron, et sauter pendant 2 minutes. Ajouter ensuite les épinards ou un autre légume vert feuillu, l'échalote, l'ail et le gingembre, et sauter pendant 1 ou 2 minutes de plus.

3 Égoutter les nouilles et les ajouter aux légumes. Sauter pendant 1 minute. Ajouter une rasade de sauce avant de servir.

75 g (3 oz) de riz frais ou de nouilles aux œufs

1 poignée de maïs miniature, de pois mange-tout, de bébés épinards ou d'autres légumes verts feuillus

½ poivron rouge évidé et coupé en minces lamelles

1 échalote émincée

1 gousse d'ail hachée

2 cm (1 po) de morceau de gingembre frais pelé et râpé

2 cuil. à café de sauce teriyaki ou de sauce d'huîtres

2 cuil. à café d'huile de sésame

TRUCS NUTRITIONNELS

La cuisson en mode sauté est une méthode rapide et saine. Vous devez utiliser une petite quantité d'huile et cuire rapidement les aliments pour en conserver tous les nutriments. L'huile doit être très chaude afin de rendre les aliments plus « étanches » et de limiter leur absorption de graisses. Ne soyez pas tenté de rajouter de l'huile. Rappelez-vous que vous pouvez également sauter les aliments en utilisant de l'eau, du vin, du xérès ou du bouillon.

brochette de style thaï à la lotte et aux champignons

Temps de préparation : 15 minutes, plus le temps de mariner

Durée de cuisson : 10 minutes

4 portions

INFORMATION NUTRITIONNELLE ⬤ Calories : 192 (806 KJ) ⬤ Matières grasses : 5 g, dont moins de 1 g de graisses saturées ⬤ Sodium : 34 mg

1 Mélanger les ingrédients de la marinade dans un grand saladier. Couper le poisson en gros cubes, et ajouter la marinade, l'oignon, les champignon et la courgette. Couvrir et laisser reposer au réfrigérateur pendant 1 heure pour que les saveurs se mélangent.

2 Badigeonner une plaque à griller avec un peu d'huile pour éviter que les brochettes ne collent. Préparer 4 brochettes en alternant les morceaux de poisson, de champignon, de courgette et d'oignon. Badigeonner avec un peu d'huile et enfourner sous un grill préchauffé pendant environ 10 minutes, en les retournant de temps en temps. Garnir avec du cresson ou du persil.

OU VOUS POURRIEZ ESSAYER...

Vous pouvez utiliser du poisson blanc à chair ferme comme le flétan, le bar, l'espadon, le cabillaud ou l'aiglefin.

entre 500 g et 750 g (entre 1 lb et 1 ½ lb) de filets de lotte levés dans la queue et dépouillés

1 oignon coupé en morceaux et détaillé

8 champignons

1 courgette coupée en huit morceaux

huile végétale pour badigeonner

cresson ou persil plat pour la garniture

MARINADE

zeste et jus de 2 citrons

1 gousse d'ail émincée

2 cuil. à soupe de gingembre frais coupé en tranches fines

2 piments frais, rouges ou verts, ou un de chaque couleur, égrenés et émincés

2 tiges de citronnelle émincées

1 poignée de coriandre fraîche hachée

1 verre de vin rouge

2 cuil. à soupe d'huile de sésame

poivre noir fraîchement moulu

gâteaux au crabe et à la coriandre

Temps de préparation : 25 à 30 minutes

Durée de cuisson : 10 minutes

6 portions

INFORMATION NUTRITIONNELLE   ○ Calories : 185 (777 KJ)   ○ Matières grasses : 5 g, dont 1 g de graisses saturées   ○ Sodium : 509 mg

1 Dans un grand saladier, mélanger le crabe, la purée de pommes de terre, la coriandre, les ciboules, le zeste et le jus de citron, et la moitié des œufs battus pour lier le tout.

2 Séparer le mélange en 12 petits gâteaux d'environ 1 cm (½ po) d'épaisseur chacun. Passer les gâteaux dans la farine, puis les tremper dans les œufs battus et dans les miettes de pain.

3 Chauffer l'huile dans une poêle antiadhésive et faire frire les gâteaux pendant environ 10 minutes, jusqu'à ce qu'ils soient dorés, en les retournant une ou deux fois.

4 Absorber l'excédent d'huile sur un papier essuie-tout avant de servir. Servir avec une sauce douce au chili ou avec une salsa aux tomates (voir p. 125).

OU VOUS POURRIEZ ESSAYER...

Il existe de nombreuses variantes de cette recette. Par exemple, vous pouvez utiliser du thon ou du saumon en conserve, ou du poisson frais, ou encore ajouter des petits pois ou du maïs. Essayez d'en faire une version végétarienne en utilisant des petits pois, des brocolis et des carottes au lieu de prendre du poisson.

375 g (12 oz) de chair de crabe en conserve, égouttée
250 g (8 oz) de purée de pommes de terre froide
2 cuil. à soupe de coriandre fraîche hachée
1 botte de ciboules émincées
zeste et jus de ½ citron
2 œufs battus
farine, pour la panure
150 g (5 oz) de miettes de pain frais
1 cuil. à soupe d'huile

TRUCS NUTRITIONNELS

La chair de crabe en conserve contient une quantité modérée d'acides gras oméga-3 (0,91 g d'oméga-3 pour 100 g). Le poisson en conserve est plus salé que le poisson frais (à moins qu'il ait été mis en conserve dans l'eau). Il est donc important de diminuer la quantité de sel en plaçant le poisson dans une passoire et en le rinçant à l'eau froide. Absorbez l'excédent d'eau à l'aide de papier essuie-tout.

sardines marinées à l'ail et au persil

Temps de préparation : 10 minutes
Durée de cuisson : 5 minutes

6 portions

INFORMATION NUTRITIONNELLE   ○ Calories : 180 (756 KJ)   ○ Matières grasses : 10 g, dont 2,5 g de graisses saturées
○ Sodium : 112 mg

1 Déposer tous les ingrédients de la marinade dans un petit saladier. Porter à ébullition, puis retirer du feu.

2 Déposer les sardines sur un barbecue, sur une poêle à griller chaude ou sous un gril chaud. Cuire 1 ou 2 minutes de chaque côté, jusqu'à ce que les sardines soient dorées et croustillantes.

3 Déposer les sardines en une seule couche dans un plat profond. Verser la vinaigrette par-dessus et servir chaud. Vous pouvez également recouvrir le plat et réfrigérer pendant au moins 1 heure et servir froid. Vous pouvez servir ce plat avec du taboulé (voir p. 44) et une salade verte mélangée.

OU VOUS POURRIEZ ESSAYER...
Égoutter une boîte de sardines et les mettre dans un robot culinaire avec 1 gousse d'ail écrasée, 1 cuillerée à soupe de câpres égouttées, 6 olives dénoyautées, un peu de persil haché et une cuillerée à soupe de vin ou de vinaigre balsamique. Mixer. Étaler sur un morceau de pain grillé chaud pour un délicieux hors-d'œuvre ou en-cas.

12 sardines fraîches nettoyées, ou filets de sardines

MARINADE
50 g (2 oz) de persil haché
1 cuil. à café de poivre blanc fraîchement moulu
1 gousse d'ail écrasée
zeste finement râpé et jus de 1 citron
2 cuil. à soupe de vin blanc
1 cuil. à soupe d'huile d'olive

TRUCS NUTRITIONNELS
Une portion de 100 g (3 ½ oz) de sardines fraîches contient 2,7 g d'acides gras oméga-3. Cette recette méditerranéenne convient également bien à d'autres types de poisson riches en acides gras oméga-3 (voir p. 12), comme le maquereau et le saumon. Veillez à consommer du poisson deux à trois fois par semaine, en mangeant des en-cas simples et délicieux comme des sardines sur du pain grillé, ou en choisissant parmi la grande variété de poissons à votre disposition pour vos plats principaux.

lentilles du Puy et saumon émietté à l'aneth

Temps de préparation : 30 minutes

Durée de cuisson : 45 minutes

4 portions

INFORMATION NUTRITIONNELLE ● Calories : 450 (1 890 KJ) ● Matières grasses : 18 g, dont 3 g de graisses saturées ● Sodium : 70 mg

1 Déposer le saumon sur une feuille de papier aluminium et verser le vin par-dessus. Refermer le papier aluminium. Déposer sur une plaque à pâtisserie et cuire dans un four préchauffé, à 200 °C (400 °F), pendant 15 à 20 minutes, jusqu'à ce que le poisson soit cuit. Laisser refroidir, déchiqueter en petits morceaux, recouvrir et laisser reposer.

2 Écraser légèrement les moitiés de poivron. Les griller, la peau vers le bas, sous le gril, jusqu'à ce qu'ils aient bruni. Les mettre dans un sac en plastique pendant quelques minutes. Retirer du sac, enlever la peau et couper la chair en cubes de 2,5 cm (1 po), en réservant le jus s'il y en a.

3 Verser tous les ingrédients de la vinaigrette, à l'exception de l'huile, dans un robot culinaire et mixer jusqu'à l'obtention d'une pâte lisse. Ajouter ensuite l'huile jusqu'à ce que le mélange épaississe.

4 Déposer les lentilles dans une grande casserole avec beaucoup d'eau, porter à ébullition et laisser mijoter à feu doux pendant 15 à 20 minutes, jusqu'à ce qu'elles soient cuites en restant assez fermes. Égoutter et déposer dans un saladier avec le poivre, l'aneth, la quasi-totalité de l'oignon et du poivre au goût.

5 Verser la vinaigrette sur les lentilles chaudes et laisser infuser. Pour servir, garnir les lentilles du saumon émietté et remuer délicatement, puis verser un peu de jus de citron frais et garnir avec le restant des oignons.

500 g (1 lb) de filet de saumon

2 cuil. à soupe de vin blanc sec

4 poivrons rouges coupés en deux et évidés

175 g (6 oz) de lentilles du Puy bien rincées

1 poignée d'aneth haché

1 botte de ciboules émincées

jus de citron

poivre noir fraîchement moulu

VINAIGRETTE

2 gousses d'ail

1 grosse poignée de persil plat haché

1 grosse poignée d'aneth haché

1 cuil. à café de moutarde de Dijon

2 piments verts égrenés et hachés

jus de 2 gros citrons

1 cuil. à soupe d'huile d'olive extra vierge

papillote de poisson à la coriandre et au piment

Temps de préparation : 15 minutes, plus la durée de marinade

Durée de cuisson : 15 minutes

1 portion

INFORMATION NUTRITIONNELLE ● Calories : 127 (533 KJ) ● Matières grasses : 1 g, dont 0,2 g de graisses saturées
● Sodium : 90 mg

1 Déposer le poisson sur un plat non métallique et arroser de jus de citron. Recouvrir et laisser mariner au réfrigérateur pendant 15 à 20 minutes.

2 Mettre la coriandre, l'ail et le piment dans un robot culinaire, et mixer jusqu'à ce que la mixture prenne la forme d'une pâte. Ajouter le sucre et mixer légèrement.

3 Déposer le poisson sur une feuille de papier aluminium. En recouvrir les deux faces avec la pâte. Bien refermer le papier aluminium et remettre au réfrigérateur pendant au moins 1 heure.

4 Déposer la papillote sur une plaque à pâtisserie et cuire dans un four préchauffé à 200 °C (400 °F), pendant environ 15 minutes, jusqu'à ce que le poisson soit cuit à point.

OU VOUS POUVEZ ESSAYER...
Combinez simplement du poulet, un morceau de viande ou du poisson avec vos légumes et herbes favoris, et cuisez dans du papier aluminium pour obtenir un plat savoureux à accompagner avec sa sauce maison.

125 g (4 oz) de filet de cabillaud,
  de colin ou d'aiglefin
2 cuil. à café de jus de citron
1 cuil. à soupe de coriandre
  fraîche
1 gousse d'ail
1 piment vert égrené et haché
¼ cuil. à café de sucre
2 cuil. à café de yaourt nature

TRUCS NUTRITIONNELS
Le cabillaud est un poisson pauvre en graisses, et constitue une bonne source de protéines et de fer. Il contient seulement 0,3 g d'acides gras oméga-3 par portion de 125 g (4 oz), mais il contribuera néanmoins à votre apport quotidien en oméga-3. Les personnes qui consomment régulièrement du poisson sont moins exposées aux maladies cardiaques que celles qui en mangent peu ou pas du tout. Il existe un lien réel entre la consommation de poisson 2 à 3 fois par semaine (soit environ entre 20 et 50 g par jour ou entre ½ et 2 oz par jour) et la réduction du risque de développer une maladie cardiovasculaire.

pâtes au thon et aux légumes mélangés

Temps de préparation : 10 minutes
Durée de cuisson : 30 minutes

4 portions

INFORMATION NUTRITIONNELLE ● Calories : 400 (1 680 KJ) ● Matières grasses : 6 g, dont 1 g de graisses saturées
● Sodium : 425 mg

1 Chauffer l'huile dans une poêle antiadhésive, ajouter l'oignon et faire frire pendant environ 5 minutes, jusqu'à ce qu'il soit tendre.

2 Pendant ce temps, cuire les macaronis en suivant les instructions sur l'emballage, ou jusqu'à ce que les pâtes soient juste tendres. Égoutter.

3 Mélanger les pâtes avec l'oignon, le thon, les tomates, les légumes, le fromage cottage et le fromage blanc ou le yaourt. Verser dans une casserole graissée ou dans un plat allant au four. Recouvrir de miettes de pain.

4 Cuire dans un four préchauffé à 180 °C (350 °F), pendant environ 30 minutes, jusqu'à ce que le dessus soit doré. Vous pouvez servir avec une salade mixte et un morceau de pain aux pommes de terre et aux olives (voir p. 70).

1 cuil. à soupe d'huile végétale
1 oignon haché
250 g (8 oz) de macaronis de blé entier
200 g (7 oz) de thon en conserve, bien égoutté et émietté
400 g (13 oz) de tomates en conserve
125 g (4 oz) de mélange de légumes surgelés, cuit
125 g (4 oz) de fromage cottage à la ciboulette
2 cuil. à soupe de fromage blanc ou de yaourt nature
75 g (3 oz) de miettes de pain de blé entier

TRUCS NUTRITIONNELS

Le thon en conserve contient moins d'acides oméga-3 que le thon frais et que d'autres types de poissons en conserve plus gras, parce qu'une grande partie des matières grasses est éliminée lors du processus de précuisson préalable à la mise en conserve, ce qui n'est pas le cas du saumon, du maquereau ou des sardines, qui sont plus riches en graisses. Néanmoins, le thon en conserve est un très bon poisson pauvre en graisses et en calories, alors conservez-en toujours dans votre garde-manger.

thon grillé glacé et purée de panais

Temps de préparation : 15 minutes

Durée de cuisson : 15 minutes

4 portions

INFORMATION NUTRITIONNELLE ⬤ Calories : 310 (1 302 KJ) ⬤ Matières grasses : 10 g, dont 2 g de graisses saturées
⬤ Sodium : 300 mg

1 Déposer tous les ingrédients du glaçage dans une petite casserole. Porter à ébullition, puis réduire le feu et laisser mijoter jusqu'à ce que le mélange réduise et prenne la consistance d'un glaçage. Maintenez-le au chaud.

2 Pour la purée de panais, cuire les panais et les pommes de terre à la vapeur jusqu'à ce qu'ils soient tendres. Égoutter si nécessaire, et les transvaser dans un robot culinaire avec le yaourt, le raifort (facultatif) et le poivre au goût. Mélanger. Conserver au chaud ou réchauffer avant de servir.

3 Badigeonner le thon avec de l'huile. Cuire sur une poêle de grillade ou un barbecue très chaud, dans une poêle ou sous le gril, pendant 1 ou 2 minutes. Il est préférable que l'intérieur reste légèrement rosé.

4 Pour servir, déposer une darne de thon sur la purée et ajouter le glaçage restant à l'aide d'une cuillère. Vous pouvez accompagner ce plat de légumes verts cuits à la vapeur.

4 darnes de thon, d'environ 125 g
(4 oz) chacune
2 cuil. à café d'huile d'olive

GLAÇAGE

1 cuil. à soupe de miel

2 cuil. à soupe de moutarde en grains

1 cuil. à soupe de concentré de tomate

2 cuil. à soupe de jus d'orange

1 cuil. à soupe de vinaigre de vin
rouge ou de vinaigre balsamique

poivre noir fraîchement moulu

PURÉE DE PANAIS

2 panais coupés en morceaux

2 pommes de terre coupées en
morceaux

50 g (2 oz) de yaourt nature

2 cuil. à café de relish au raifort
(facultatif)

TRUCS NUTRITIONNELS

La cuisson sur la poêle à fond cannelé est très saine puisqu'elle nécessite peu ou pas de matières grasses et que les graisses contenues dans l'aliment peuvent s'écouler par les petites rainures à la surface du gril. Les poêles à fond cannelé peuvent être chauffées à une température très élevée, ce qui donne aux aliments une saveur délicieuse.

cabillaud avec haricots blancs et tomates pimentés

Temps de préparation : 15 minutes

Durée de cuisson : 20 minutes

4 portions

INFORMATION NUTRITIONNELLE ● Calories : 221 (930 KJ) ● Matières grasses : 3 g, dont 0,5 g de graisses saturées
● Sodium : 408 mg

1 Chauffer l'huile dans une casserole antiadhésive et ajouter le céleri, l'oignon et l'ail. Cuire pendant environ 5 minutes jusqu'à tendreté. Ajouter les tomates, la concentré de tomate, les haricots blancs et le piment. Laisser mijoter, à découvert, pendant 10 minutes.

2 Pendant ce temps, chauffer le vin dans une casserole. Ajouter le poisson et le pocher pendant 3 ou 4 minutes jusqu'à ce qu'il soit cuit.

3 Ajouter le poisson non égoutté au mélange de tomates et de haricots, et chauffer. Ajouter du poivre au goût et garnir avec du persil. Servir avec des pommes de terre nouvelles, du riz basmati ou des pâtes, et des épinards ou du brocoli pour ajouter de la couleur.

2 cuil. à café d'huile végétale

1 branche de céleri coupée en dés fins

1 oignon finement haché

1 gousse d'ail écrasée ou 1 cuil. à café d'ail émincé

400 mg (13 oz) de tomates en conserve, non égouttées et réduites en purée

2 cuil. à soupe de concentré de tomate

300 g (10 oz) de haricots blancs bien égouttés

1 piment vert égrené et émincé

125 ml (4 oz) de vin blanc sec

500 g (1 lb) de cabillaud (ou tout autre filet de poisson blanc sans arêtes), coupé en cubes

poivre noir fraîchement moulu

2 cuil. à soupe de persil haché pour la garniture

TRUCS NUTRITIONNELS

Le poisson blanc comme le cabillaud, l'aiglefin, le bar, la lotte, le carrelet, la sole, le flétan et le turbot contiennent peu de calories, de matières grasses et de graisses saturées, et sont riches en protéines, en minéraux et en vitamines. Ces poissons sont aussi intéressants que les poissons gras puisqu'ils apportent de la variété à votre alimentation et qu'ils vous aident à lutter contre les maladies cardiaques.

maquereau poché à l'orange et au cidre

Temps de préparation : 15 minutes

Durée de cuisson : 10 minutes

INFORMATION NUTRITIONNELLE ○ Calories : 208 (875 KJ) ○ Matières grasses : 4 g, dont 1 g de graisses saturées
○ Sodium : 144 mg

4 portions

1 Chauffer l'huile dans une grande casserole antiadhésive, ajouter le poivron, les ciboules et le gingembre, et cuire 1 ou 2 minutes en remuant. Ajouter le zeste d'orange, le cidre, les jus d'orange et de citron, et la sauce soja. Porter à ébullition.

2 Baisser le feu et ajouter le poisson. Couvrir et cuire 5 minutes jusqu'à ce que le poisson commence à s'émietter lorsque vous y plantez une fourchette. À l'aide d'une pelle à poisson ou d'une cuillère à rainures, retirer le poisson du liquide de cuisson et le déposer sur un plat. Le couvrir d'aluminium. Garder au chaud dans le four.

3 Ajouter la coriandre et le poivre au liquide de cuisson. Porter à ébullition. Faire bouillir jusqu'à ce que le mélange réduise et prenne la consistance d'une sauce. Vous pouvez servir avec du taboulé (voir p. 44) ou une salade de betteraves, d'épinards et d'oranges (voir p. 42).

1 poivron rouge égrené et coupé
  en petits dés
2 ciboules coupées en tranches
entre 2,5 et 5 cm (entre 1 et 2 po)
  de gingembre frais pelé et coupé
  en tranches fines
1 cuil. à café d'huile d'olive
1 cuil. à café de zeste d'orange râpé
125 ml (4 oz) de cidre sec
125 ml (4 oz) de jus d'orange
2 cuil. à soupe de jus de citron
1 cuil. à café de sauce soja allégée
  en sel
4 filets de maquereau d'environ
  150 g (5 oz) chacun, dépouillés
2 cuil. à soupe de coriandre fraîche
  hachée
poivre noir fraîchement moulu

TRUCS NUTRITIONNELS

Bien que le maquereau représente la meilleure source d'acides gras oméga-3, n'oubliez pas que tous les poissons sont bons pour votre santé et que vous devez en consommer régulièrement pour en retirer tous les avantages. Il est intéressant d'en avoir toujours dans le congélateur. Dans certains cas, ils sont aussi nutritifs que le poisson frais, et ils peuvent vous permettre de préparer rapidement un dîner santé.

bar farci aux champignons et aux fines herbes

Temps de préparation : 15 minutes

Durée de cuisson : 40 minutes

2 portions

INFORMATION NUTRITIONNELLE ⦿ Calories : 310 (1 200 KJ) ⦿ Matières grasses : 9 g, dont 1 g de graisses saturées ⦿ Sodium : 105 mg

1 Chauffer 1 cuillerée à café d'huile dans une poêle antiadhésive et cuire les champignons à feu doux pendant 5 minutes, jusqu'à ce qu'ils soient tendres. Assaisonner au goût. Retirer la poêle du feu et ajouter le zeste et le jus de citron ainsi que les herbes.

2 Pendant ce temps, cuire les pommes de terre dans de l'eau bouillante ou à la vapeur pendant environ 10 minutes, jusqu'à ce qu'elles soient tendres. Égoutter et laisser refroidir. Déposer les pommes de terre et l'ail sur une plaque à rôtir, les badigeonner avec de l'huile (en laisser un peu) et faire rôtir dans un four préchauffé à 200 °F (400 °F), pendant environ 20 minutes, jusqu'à l'obtention d'une couleur dorée.

3 Faire une incision en forme de croix sur la peau du filet (pour éviter que le poisson se boursoufle). Découper le filet sur le côté, dans le sens de la longueur, et l'ouvrir pour créer une ouverture que l'on remplira de farce. Badigeonner avec l'huile restante et farcir le poisson avec le mélange de champignons et d'herbes. Refermer pour que le filet retrouve sa forme initiale.

4 Assaisonner au goût avec du poivre et déposer sur les pommes de terre. Remettre dans le four 5 à 6 minutes (en fonction de la taille des filets) pour compléter la cuisson.

5 Servir garni d'herbes hachées.

1 cuil. à soupe d'huile d'olive

125 g (4 oz) de mélange de champignons, préférablement des champignons sauvages, coupés en tranches

zeste râpé et jus de 1 citron

1 poignée de fines herbes (par ex. du persil, du thym, du basilic), hachées grossièrement

14 petites pommes de terre nouvelles

1 gousse d'ail écrasée

2 filets de bar d'environ 125 g (4 oz) chacun

poivre noir fraîchement moulu

herbes hachées pour la garniture

TRUCS NUTRITIONNELS

Le bar contient une quantité modérée d'acides gras oméga-3 : 0,4 g par portion (100 g/ 3 ½ oz). L'apport quotidien recommandé est de 1 g. Consommez des épinards avec n'importe quel plat de poisson. C'est une bonne source d'acide alpha-linolénique. Les épinards contiennent 0,9 g d'acides gras oméga-3 pour 100 g (3 ½ oz).

kedgeree crémeux aux petits pois

Temps de préparation : 15 minutes

Durée de cuisson : 15 minutes

4 portions

INFORMATION NUTRITIONNELLE ● Calories : 460 (1 932 KJ) ● Matières grasses : 8 g, dont 2 g de graisses saturées ● Sodium : 672 mg

1 Cuire le riz en suivant les instructions sur l'emballage. Le déposer sur un plat de service chaud.

2 Pendant ce temps, dans une casserole, pocher le poisson dans le lait pendant environ 5 minutes, jusqu'à ce qu'il soit cuit à point. Égoutter et réserver le liquide de cuisson. Retirer la peau du poisson et l'émietter, en retirant les arêtes s'il y a lieu, et réserver.

3 Dans une petite casserole, chauffer l'huile et ajouter les ciboules et la pâte de curry. Chauffer à feu doux pendant environ 5 minutes, jusqu'à l'obtention d'une pâte lisse.

4 Déposer le poisson, le riz, le mélange aux ciboules, les petits pois et les œufs dans une grande casserole. Chauffer, en ajoutant au besoin un peu de liquide de cuisson réservé. Poivrer au goût.

5 Servir garni de tomates, de persil et de quartiers de citron.

250 g (8 oz) de riz basmati
250 g (8 oz) d'aiglefin ou d'un autre poisson blanc
250 g (8 oz) d'aiglefin fumé
450 ml (15 oz) de lait demi-écrémé
1 cuil. à café d'huile d'olive
2 ciboules hachées
2 cuil. à café de pâte de curry
125 g (4 oz) de petits pois cuits
2 œufs durs écalés et coupés en morceaux
poivre noir fraîchement moulu

GARNITURE
tomates hachées
persil haché
quartiers de citron

TRUCS NUTRITIONNELS
Le riz basmati présente le taux d'indice glycémique (IG) le plus faible parmi toutes les variétés de riz qui existent. L'IG du riz dépend de sa teneur en amylose, laquelle est une sorte d'amidon qui est décomposé et absorbé lentement par l'organisme.

tarte du pêcheur aux épinards frais

Temps de préparation : 15 minutes

Durée de cuisson : 40 minutes

4 portions

INFORMATION NUTRITIONNELLE   ◎ Calories : 360 (1 512 KJ)   ◎ Matières grasses : 11 g, dont 2 g de graisses saturées   ◎ Sodium : 822 mg

1 Dans une grande casserole, pocher le poisson dans le lait avec la feuille de laurier pendant 10 minutes, jusqu'à ce qu'il soit tendre. Égoutter et réserver le liquide de cuisson. Retirer la peau du poisson et l'émietter, en retirant les arêtes s'il y a lieu, et réserver.

2 Pendant ce temps, chauffer l'huile dans une petite casserole, ajouter l'oignon et la carotte, et cuire à feu doux environ 4 minutes. Cuire les épinards à la vapeur et les essorer pour en retirer l'excédent d'eau.

3 Verser le liquide de cuisson du poisson dans une casserole. Ajouter la pâte à base de farine de maïs et chauffer à feu doux en remuant constamment, jusqu'à épaississement. Baisser le feu et laisser mijoter au moins 5 minutes. Retirer du feu. Ajouter la moutarde et poivrer au goût.

4 Déposer le poisson, les quartiers d'œufs et les légumes dans un plat allant au four. Arroser avec la sauce. Garnir avec la purée de pommes de terre, puis cuire dans un four préchauffé à 180 °C (350 °F), pendant 20 minutes.

5 Garnir avec les tomates et remettre au four 5 minutes. Vous pouvez servir accompagné de petits pois ou de haricots.

500 g (1 lb) de poisson blanc, par ex. un mélange de morue ou d'aiglefin fumé et non fumé

300 ml (10 oz) de lait écrémé

1 feuille de laurier

1 cuil. à café d'huile d'olive

1 oignon émincé

1 carotte émincée

2 grosses poignées de feuilles d'épinards

1 cuil. à soupe de farine de maïs mélangée à un peu d'eau froide

1 cuil. à café de moutarde

2 œufs durs écalés et coupés en quatre

500 g (1 lb) de pommes de terre cuites réduites en purée avec du lait demi-écrémé et de la margarine insaturée

poivre noir fraîchement moulu

tomates en tranches pour la garniture

pain aux pommes de terre et aux olives

Temps de préparation : 25 minutes

Durée de cuisson : 40 minutes

(V)   **1 miche**

INFORMATION NUTRITIONNELLE* ● Calories : 1 840 (7 801 KJ) ● Matières grasses : 23 g, dont 5 g de graisses saturées ● Sodium : 1 220 mg

1 Mettre la purée de pommes de terre dans un saladier avec la farine. Mélanger la levure avec le lait. Si vous utilisez de la levure sèche, dissoudre le sucre dans le lait, puis saupoudrer de levure et laisser reposer dans un endroit chaud pendant 10 minutes, jusqu'à ce que le mélange devienne mousseux. Ajouter le mélange de levure et d'eau aux ingrédients secs et mélanger pour obtenir une pâte ferme.

2 Enfariner une surface et pétrir la pâte pendant environ 10 minutes pour qu'elle devienne lisse et régulière. Faire une boule avec la pâte et l'entourer de film plastique huilé, et laisser reposer dans un endroit chaud jusqu'à ce qu'elle ait doublé de taille.

3 Recommencer à pétrir la pâte jusqu'à ce qu'elle soit lisse, en ajoutant les deux tiers des olives. Donner à la pâte une forme de miche de pain, ou la déposer dans un moule à cake graissé d'une contenance de 1 kg (2 lb). Couvrir avec un film plastique et laisser reposer dans un endroit chaud jusqu'à ce que la pâte atteigne le haut du plat. Retirer le film plastique et saupoudrer des olives restantes.

4 Cuire dans un four préchauffé à 220 °C (425 °F), environ 40 minutes, sur une plaque à pâtisserie si vous préparez une miche, ou dans le plat à cake, jusqu'à ce que la base de la miche émette un son sourd lorsque vous la tapotez. Laisser refroidir sur une grille.

*quantités pour un pain entier

125 g (4 oz) de pommes de terre cuites réduites en purée avec 1 cuil. à soupe de margarine insaturée

500 g (1 lb) de farine blanche forte

15 g (½ oz) de levure comprimée ou ½ cuil. à café de levure sèche plus 1 cuil. à café de sucre

150 ml (5 oz) de lait chaud

150 ml (5 oz) d'eau chaude

15 olives noires dénoyautées, coupées en tranches fines

TRUCS NUTRITIONNELS

Le pain peut contenir une quantité surprenante de sel, et vous pouvez en limiter la quantité en le faisant vous-même. Ce pain inhabituel contient une quantité raisonnable de sel parce que chaque olive noire contient 70 mg de sodium. Rincez les olives et séchez-les bien à l'aide de papier essuie-tout avant de les découper, afin d'en retirer l'excédent de sel.

purée à l'ail

Temps de préparation : 10 minutes
Durée de cuisson : 1 heure et quart

Ⓥ **4 portions**

INFORMATION NUTRITIONNELLE ⬡ Calories : 185 (777 KJ) ⬡ Matières grasses : moins de 1 g, dont seulement une trace de graisses saturées ⬡ Sodium : 1 220 mg

1 Piquer les pommes de terre avec une fourchette et les cuire dans un four préchauffé à 220 °C (425 °F), pendant 1 heure et quart, jusqu'à ce qu'elles soient tendres.

2 Pendant ce temps, retirer la peau de la tête d'ail sans séparer les gousses. Couper le bout supérieur et entourer de papier aluminium, partie brillante vers l'intérieur. Déposer sur une plaque à pâtisserie et laisser rôtir sur la grille du bas pendant 45 minutes, jusqu'à ce que la chair de l'ail ait la consistance d'une purée.

3 Porter des maniques (gants isolants) et faire une croix à l'aide d'une fourchette sur la partie supérieure des pommes de terre. Presser les pommes de terre au dessus d'un saladier pour en faire sortir la chair, et la réduire en purée à l'aide d'une fourchette. (Conserver les peaux croustillantes pour des en-cas.) Écraser la chair de l'ail rôti avec les pommes de terre et bien mélanger. Ajouter le bouillon et le lait, une cuillerée à soupe à la fois, jusqu'à l'obtention de la texture souhaitée. Poivrer au goût, puis ajouter la ciboulette (facultatif).

OU VOUS POURRIEZ ESSAYER…
PURÉE AU FROMAGE : remplacer le bouillon et le lait par 1 à 2 cuillerées à soupe de fromage frais ou de yaourt nature et 2 à 3 cuillerées à soupe de parmesan.
PURÉE DE CÉLERI RAVE : écraser des pommes de terre avec 375 g (12 oz) de céleri rave pelé, coupé en morceaux et bouilli. Ajouter du lait écrémé, un peu de margarine insaturée et de noix de muscade.

1 tête d'ail ferme
3 pommes de terre à cuisson, environ 300 g (10 oz) chacune, brossées
3 à 4 cuil. à soupe de bouillon de légumes chaud (voir p. 122)
3 à 4 cuil. à soupe de lait écrémé chaud
1 cuil. à soupe de ciboulette incisée (facultatif)
poivre noir fraîchement moulu

TRUCS NUTRITIONNELS
Les pommes de terre au four font les meilleures purées – lisses, riches et onctueuses –, et en suivant cette recette, elles sont particulièrement pauvres en matières grasses. L'ail rôti est également délicieux lorsqu'il est tartiné encore chaud sur du pain.

pommes de terre au four

Temps de préparation : 5 minutes
Durée de cuisson : 75 minutes

  4 portions

INFORMATION NUTRITIONNELLE* ● Calories : 400 (1 680 KJ) ● Matières grasses : moins de 1 g, dont seulement une trace de graisses saturées ● Sodium : 36 mg

1 Cuire les pommes de terre directement sur la grille, dans un four préchauffé à 220 °C (425 °F), pendant 1 heure et quart, jusqu'à ce qu'elles soient tendres. Vous pouvez diminuer le temps de cuisson en utilisant un cuiseur à pommes de terre ou des brochettes, ou en les coupant en deux si elles sont très grosses.

2 Faire une croix sur la partie supérieure des pommes de terre et déposer la garniture choisie, ou décalotter les pommes de terre pour en retirer une bonne partie de la chair. Écraser la chair en la mélangeant avec la farce choisie et remettre le mélange dans la pomme de terre. Servir ou déposer sur une plaque à pâtisserie et remettre au four pendant 5 minutes, jusqu'à ce qu'elles commencent à dorer.

OU VOUS POURRIEZ ESSAYER...

GARNITURE DE CREVETTES ET COURGETTE AU CURRY

Déposer un oignon émincé dans une casserole avec un peu d'eau et chauffer à feu doux environ 5 minutes jusqu'à ce qu'il ait ramolli. Ajouter 1 cuillerée à café de curcuma, 2 cuillerées à soupe de pâte de curry douce, 1 courgette râpée, 250 g (8 oz) de crevettes et un peu plus d'eau si nécessaire. Chauffer doucement. Garnir les pommes de terre cuites de ce mélange. Une portion de cette garniture fournit 100 calories (420 KJ), 2 g de matières grasses, dont moins de 1 g de graisses saturées, et 1 109 mg de sodium à ajouter aux valeurs nutritionnelles de chaque pomme de terre cuite.

*quantités pour chaque pomme de terre de 300 g (10 oz)

4 pommes de terre avec la peau, chacune de 250 à 375 g (8 à 12 oz)
un peu d'huile végétale (facultatif)
poivre noir fraîchement moulu

OU VOUS POURRIEZ ESSAYER...
Idées de farces et de garnitures :
● Sauté thaï de bœuf et aux poivrons mélangés (voir p. 100)
● Saumon fumé et ciboulette hachée
● Bacon fumé allégé, abricots et céleri
● Fromage râpé allégé en matières grasses et échalotes hachées
● Thon émietté, maïs et fromage frais nature
● Crevettes avec ciboules et yaourt nature
● Fromage cottage et ananas

TRUCS NUTRITIONNELS

Les pommes de terre au four ont une très bonne valeur nutritive. Elles représentent une bonne source de vitamine C et de fibres, qui se trouvent dans la peau, alors régalez-vous de leur peau croustillante.

tagliatelles aux champignons, aux pignons et au bacon

Temps de préparation : 10 minutes

Durée de cuisson : 10 minutes

4 portions

INFORMATION NUTRITIONNELLE ⊙ Calories : 535 (2 2471 KJ) ⊙ Matières grasses : 14 g, dont 2 g de graisses saturées
⊙ Sodium : 740 mg

1 Cuire les tagliatelles selon les instructions sur l'emballage.

2 Pendant ce temps, chauffer l'huile dans une poêle antiadhésive, ajouter le poivron et cuire pendant 2 à 3 minutes. Ajouter l'ail, les champignons, le bacon, le persil et le poivre au goût.

3 Baisser le feu et ajouter le fromage frais ou le yaourt. Chauffer à feu doux. Servir avec une salade de style italien et du pain ciabatta frais.

4 Égoutter les pâtes et les mélanger à la sauce. Saupoudrer de pignons avant de servir. Servir avec une salade de style italien et du pain ciabatta frais.

375 g (12 oz) de tagliatelles vertes et blanches

1 cuil. à soupe d'huile d'olive

1 poivron jaune évidé et haché

2 cuil. à café de purée d'ail ou d'ail écrasé

125 g (4 oz) de champignons de Paris émincés

125 g (4 oz) de bacon découenné allégé, grillé et coupé en fines lamelles

1 cuil. à soupe de persil haché

500 g (1 lb) de fromage blanc ou de yaourt nature

25 g (1 oz) de pignons grillés

poivre noir fraîchement moulu

lasagnes allégées

Temps de préparation : 30 minutes

Durée de cuisson : environ 1 heure

8 portions

INFORMATION NUTRITIONNELLE ● Calories : 340 (1 428 KJ) ● Matières grasses : 11 g, dont 5 g de graisses saturées
● Sodium : 180 mg

1 Pour la sauce à la viande, déposer les aubergines, les oignons, l'ail, le bouillon et le vin dans une grande casserole antiadhésive. Couvrir et laisser mijoter sur feu vif pendant 5 minutes.

2 Retirer le couvercle et cuire environ 5 minutes, jusqu'à ce que les aubergines soient tendres et que le liquide se soit évaporé, et ajouter un peu de bouillon si nécessaire. Retirer du feu, laisser refroidir légèrement, et réduire en purée dans un robot culinaire.

3 Pendant ce temps, cuire la viande hachée dans une poêle antiadhésive. Égoutter pour retirer le gras. Ajouter le mélange aux aubergines, ainsi que les tomates et le poivre, au goût.

4 Pour la sauce au fromage, battez les blancs d'œufs avec du ricotta. Ajouter en battant le lait et 4 cuillerées à soupe de parmesan. Poivrer au goût.

5 Pour faire les lasagnes, alterner des couches de sauce à la viande, de feuilles de lasagnes et de sauce au fromage. Commencer par la sauce à la viande et terminer par la sauce au fromage. Saupoudrer du restant de parmesan. Faire cuire dans un four préchauffé à 180 °C (350 °F), pendant 30 à 40 minutes, jusqu'à ce que les lasagnes soient gratinées.

200 g (7 oz) de feuilles de lasagne
  précuite
poivre noir fraîchement moulu

SAUCE À LA VIANDE
2 aubergines pelées et coupées en dés
2 oignons rouges hachés
2 gousses d'ail écrasées
300 ml (10 oz) de bouillon de
  légumes (voir p. 122)
4 cuil. à soupe de vin rouge
4 cuil. à soupe (1 lb) de viande
  hachée extra-maigre
2 x 400 g (13 oz) de tomates
  hachées en conserve

SAUCE AU FROMAGE
3 blancs d'œufs
250 g (8 oz) de ricotta
175 ml (6 oz) de lait écrémé
6 cuil. à soupe de parmesan
  fraîchement râpé

TRUCS NUTRITIONNELS

Malgré leurs origines méditerranéen-nes, les lasagnes peuvent contenir plus de matières grasses et de calories que des aliments frits et des croustilles. Dans cette recette allégée en graisses, la sauce blanche est préparée avec du ricotta allégé dont le goût est doux et la texture crémeuse.

surprise de macaronis au fromage

Temps de préparation : 15 minutes

Durée de cuisson : 40 minutes

INFORMATION NUTRITIONNELLE ● Calories : 308 (1 293 KJ) ● Matières grasses : 6 g, dont 3 g de graisses saturées
● Sodium : 255 mg

(V) **4 portions**

1 Cuire les macaronis selon les instructions sur l'emballage, jusqu'à ce qu'elles soient cuites à point, et égoutter.

2 Pendant ce temps, cuire légèrement les légumes pour qu'ils restent croquants. Bien égoutter.

3 Verser la farine de maïs et une petite quantité de lait dans une casserole. Mélanger pour obtenir une pâte lisse. Chauffer à feu doux et ajouter le reste du lait sans cesser de remuer, jusqu'à ce que la sauce arrive à ébullition et épaississe. Ajouter les trois quarts du fromage, la moutarde et le poivre de Cayenne, au goût.

4 Mélanger les pâtes, les légumes et la sauce, et verser dans un plat allant au four. Parsemer du reste de fromage et d'un peu de poivre de Cayenne pour garnir. Cuire dans un four préchauffé à 200 °C (400 °F), environ 25 minutes, jusqu'à ce que le dessus soit doré.

OU VOUS POURRIEZ ESSAYER...

Tous les légumes peuvent être cuits légèrement et ajoutés au mélange au fromage. Par exemple des petits pois, du maïs, des poivrons mélangés, des carottes, des champignons ou un mélange de légumes.

175 g (6 oz) de macaronis au blé entier

2 carottes coupées en petits bâtonnets

250 g (8 oz) de brocolis

1 gros poireau paré et coupé en gros morceaux

50 g (2 oz) de farine de maïs

600 ml (20 oz) de lait écrémé

100 g (3 ½ oz) de fromage à pâte dure vieilli, allégé en matières grasses, râpé

1 cuil. à café de moutarde

1 pincée de poivre de Cayenne, plus la garniture

TRUCS NUTRITIONNELS

Toutes les pâtes sont des aliments sains, riches en glucides et pauvres en graisses. Les pâtes de blé entier sont faites de grains entiers et contiennent donc plus de fibres insolubles que les pâtes blanches, ce qui contribue à prévenir la constipation et autres problèmes intestinaux.

La « surprise » de cette recette traditionnelle est l'ajout de légumes, ce qui est un très bon moyen d'en ajouter une portion supplémentaire à votre consommation et vous aide ainsi à atteindre les cinq portions quotidiennes recommandées.

farfalles avec sauce aux anchois et à l'origan

Temps de préparation : 10 minutes
Durée de cuisson : 15 minutes

4 portions

INFORMATION NUTRITIONNELLE   ⊙ Calories : 390 (1 653 KJ)   ⊙ Matières grasses : 7 g, dont moins de 1 g de graisses saturées
⊙ Sodium : 500 mg

1 Chauffer l'huile dans une petite casserole, ajouter l'ail et faire frire à feu doux pendant environ 5 minutes, jusqu'à ce qu'il soit doré.

2 Baisser le feu au minimum, ajouter les anchois et chauffer à feu très doux pendant environ 10 minutes, jusqu'à ce qu'ils aient complètement ramolli.

3 Pendant ce temps, cuire les pâtes selon les instructions sur l'emballage, jusqu'à ce qu'elles soient tendres.

4 Ajouter à la sauce l'origan et le poivre, au goût.

5 Égoutter les pâtes et verser dans un plat de service chaud. Recouvrir de sauce et parsemer de persil. Vous pouvez servir ce plat accompagné de parmesan et d'une salade méditerranéenne croquante.

1 cuil. à café d'huile d'olive
2 gousses d'ail émincées
50 g (2 oz) de filets d'anchois
   en conserve, égouttés
375 g (12 oz) de farfalles crues
2 cuil. à café d'origan haché
   finement
3 cuil. à soupe de persil haché
poivre noir fraîchement moulu
parmesan râpé, pour servir

TRUCS NUTRITIONNELS

Toutes les pâtes ont un indice glycémique (IG) faible, parce qu'elles sont faites à base de semoule (blé broyé finement) et ont une structure dense qui s'avère très résistante lorsqu'elle se trouve dans l'intestin grêle. Même les pâtes faites à base de farine fine, et non de semoule, présentent un IG relativement faible. Il est intéressant de noter que les pâtes épaisses auraient un IG inférieur à celui des pâtes plus fines. L'ajout d'un œuf frais réduit l'IG en augmentant le contenu protéinique. Un niveau de protéines plus élevé ralentit le processus d'évacuation de l'estomac.

jambalaya au riz sauvage

Temps de préparation : 15 minutes

Durée de cuisson : 35 minutes

INFORMATION NUTRITIONNELLE ◐ Calories : 370 (1 554 KJ) ◐ Matières grasses : 3 g, dont moins de 1 g de graisses saturées ◐ Sodium : 680 mg

4 portions

1 Verser le riz sauvage dans une casserole et le recouvrir d'eau. Porter à ébullition et laisser bouillir 5 minutes. Retirer la casserole du feu et la couvrir d'un couvercle étanche. Laisser reposer environ 10 minutes, jusqu'à ce que les grains soient tendres. Égoutter.

2 Chauffer l'huile dans une grande poêle antiadhésive. Ajouter le céleri, les poivrons, l'oignon, le bacon et l'ail. Cuire en remuant pendant 3 ou 4 minutes, jusqu'à ce que les légumes soient tendres. Ajouter la concentré de tomate et le thym. Cuire 2 minutes de plus.

3 Ajouter le riz sauvage, le riz à grain long, le piment, le poivre de Cayenne, les piments d'Espagne (facultatif), les tomates, le bouillon et le vin. Porter à ébullition. Baisser le feu et laisser mijoter 10 minutes, jusqu'à ce que le riz soit tendre tout en restant légèrement ferme.

4 Ajouter les crevettes ou les microprotéines et chauffer, en remuant de temps en temps, pendant 5 minutes, jusqu'à ce que les crevettes soient opaques. Verser dans de grands bols chauds. Parsemer de coriandre ou de persil et servir. Vous pouvez accompagner ce plat de pain croustillant.

125 g (4 oz) de riz sauvage

1 cuil. à café d'huile d'olive

50 g (2 oz) de céleri haché

½ poivron rouge évidé et coupé en dés

½ poivron vert ou jaune évidé et coupé en dés

1 oignon haché

1 tranche de bacon découenné allégé

2 gousses d'ail écrasées

2 cuil. à soupe de concentré de tomate

1 cuil. à soupe de thym haché

125 g (4 oz) de riz à grain long

1 piment vert égrené et émincé

½ cuil. à café de poivre de Cayenne

1 cuil. à soupe de piments doux d'Espagne en conserve, hachés (facultatif)

400 g (13 oz) de tomates en conserve, égouttées

300 ml (10 oz) de bouillon de poulet (voir p. 122)

150 ml (5 oz) de vin blanc sec

250 g (8 oz) de crevettes crues moyennes ou de morceaux de microprotéines

3 cuil. à soupe de coriandre ou de persil frais haché, pour la garniture

riz au poulet, aux champignons sauvages et au fenouil

Temps de préparation : 10 minutes

Durée de cuisson : 30 minutes

4 portions

INFORMATION NUTRITIONNELLE ● Calories : 440 (1 848 KJ) ● Matières grasses : 10 g, dont 1 g de graisses saturées ● Sodium : 260 mg

1 Chauffer l'huile dans une casserole et faire frire le fenouil, l'oignon et l'ail sur feu doux pendant 5 minutes. Ajouter les champignons et faire cuire 2 minutes. Ajouter le riz et faire frire à feu doux 2 minutes supplémentaires. Ajouter le vin et remuer jusqu'à ce qu'il ait été absorbé par le riz.

2 Ajouter la moitié du bouillon et porter à ébullition, puis baisser le feu et laisser mijoter, en remuant fréquemment, jusqu'à ce que le liquide se soit évaporé. Ajouter le reste du bouillon petit à petit, au fur et à mesure de son absorption.

3 Au bout de 15 minutes environ, ajouter le poulet, l'aneth et le zeste et jus de citron. Cuire environ 5 minutes, jusqu'à ce que le riz devienne crémeux mais ferme. Poivrer au goût et verser dans un plat de service chaud. Parsemer de pignons et garnir avec des brins d'aneth.

1 cuil. à café d'huile d'olive
1 bulbe de fenouil paré et émincé
1 oignon émincé
1 gousse d'ail écrasée
175 g (6 oz) de champignons mélangés, notamment des champignons sauvages, coupés en dés
250 g (8 oz) de riz basmati
150 ml (10 oz) de vin blanc sec
450 ml (15 oz) de bouillon de poulet (voir p. 122)
250 g (8 oz) de poulet cuit coupé en dés
½ botte d'aneth émincé
écorce râpée finement et jus de 1 citron
poivre noir fraîchement moulu
25 g (1 oz) de pignons grillés
brins d'aneth pour la garniture

TRUCS NUTRITIONNELS

L'alimentation asiatique traditionnelle, caractérisée par la consommation de riz en grande quantité et de viande en petite quantité, présente plusieurs avantages pour la santé du cœur. La paella présente elle aussi ces caractéristiques, et elle peut être préparée avec une grande variété d'ingrédients, comme des légumes, du poisson et de la viande.

pilaf aux haricots rouges et à l'aubergine

Temps de préparation : 15 minutes
Durée de cuisson : 40 minutes
INFORMATION NUTRITIONNELLE   ⦿ Calories : 330 (1 386 KJ)   ⦿ Matières grasses : 7 g, dont 1 g de graisses saturées
⦿ Sodium : 144 mg

4 portions

1 Verser l'eau dans une grande casserole et porter à ébullition. Ajouter le riz et le curcuma, et bien mélanger pour éviter que le riz colle. Couvrir et laisser mijoter 30 minutes sans remuer. Retirer du feu.

2 Pendant ce temps, chauffer l'huile dans une poêle antiadhésive, ajouter l'oignon, l'ail, le céleri, le poivron et l'aubergine, et cuire à feu doux 3 minutes, sans laisser roussir. Ajouter les tomates et les champignons, bien mélanger et faire 3 à 4 minutes.

3 Déposer les haricots et le mélange de légumes dans le riz, couvrir et cuire à feux très doux 10 minutes.

4 Retirer du feu et laisser reposer 5 minutes. Poivrer au goût et ajouter le persil. Transvaser dans un plat de service chaud et servir.

OU VOUS POURRIEZ ESSAYER...

Ce plat est délicieux lorsqu'on y ajoute deux cuisses de poulet de 275 g (9 oz) desquelles on a enlevé la peau et que l'on a cuites et coupées en morceaux, avant d'ajouter les tomates et les champignons, si l'on ne souhaite pas manger végétarien.

450 ml (15 oz) d'eau
250 g (8 oz) de riz brun
   à grain long
½ cuil. à café de curcuma
1 cuil. à soupe d'huile végétale
1 gros oignon émincé
1 gousse d'ail émincée
1 branche de céleri hachée
1 poivron vert évidé et haché
1 aubergine coupée en dés
2 tomates pelées et hachées
125 g (4 oz) de champignons
   coupés en tranches
200 g (7 oz) de haricots rouges
   en conserve, rincés et égouttés
2 cuil. à soupe de persil haché
poivre noir fraîchement moulu

TRUCS NUTRITIONNELS
Les haricots représentent une bonne source de protéines, surtout lorsqu'ils sont servis accompagnés d'un aliment céréalier comme le riz, le pain ou les pâtes. Ils sont pauvres en graisses, riches en fibres, et contiennent de nombreux nutriments comme le fer, le zinc, le calcium, le folate et les fibres solubles.

pizza aux tomates et aux herbes

Temps de préparation : 15 minutes
Durée de cuisson : 35 à 40 minutes

6 portions

INFORMATION NUTRITIONNELLE   ○ Calories : 340 (1 428 KJ)   ○ Matières grasses : 15 g, dont 5 g de graisses saturées
○ Sodium : 268 mg

1 Pour la pâte, tamiser la farine dans un saladier et travailler avec la margarine jusqu'à ce que la pâte forme de petites miettes. Ajouter juste assez de lait pour que la pâte devienne lisse. Déposer sur une surface légèrement enfarinée et travailler la pâte jusqu'à ce qu'elle soit bien lisse. L'étaler sur un diamètre de 23 à 25 cm (9 à 10 po), puis la déposer sur une plaque à pâtisserie graissée.

2 Pour la garniture, chauffer l'huile dans une grande casserole, ajouter l'oignon et l'ail, et faire frire à feu doux 5 minutes, jusqu'à ce qu'ils aient ramolli. Ajouter le poivron, les tomates, le concentré de tomate et le basilic ou le thym, et laisser mijoter à découvert, environ 10 minutes, jusqu'à ce que le mélange ait épaissi. Poivrer.

3 Étaler le mélange aux tomates sur la pâte. Parsemer de fromage. Cuire dans un four préchauffé à 220 °C (425 °F), entre 20 et 25 minutes, jusqu'à ce que la garniture commence à faire des bulles. Garnir de feuilles de basilic avant de servir.

OU VOUS POURRIEZ ESSAYER…

○ Anchois et olives noires
○ Oignons rouges, feta, poivrons rouges et roquette
○ Épinards et ricotta
○ Ratatouille caponata (voir p. 48)

PÂTE
300 g (10 oz) de farine complète
  à levure
50 g (2 oz) de margarine contenant
  des graisses insaturées
150 ml (5 oz) de lait écrémé

GARNITURE
1 cuil. à soupe d'huile d'olive
2 gros oignons hachés
1 ou 2 gousses d'ail
1 poivron rouge ou vert évidé et
  coupé en tranches
2 x 400 g (13 oz) de tomates en
  conserve
2 cuil. à soupe de concentré de tomate
1 grosse poignée de basilic ou de
  thym haché
125 g (4 oz) de mozzarella allégés,
  coupés en tranches
poivre noir fraîchement moulu
feuilles de basilic pour la garniture

TRUCS NUTRITIONNELS
Les pizzas maison peuvent être très saines lorsqu'elles sont préparées à base d'une pâte garnie de légumes frais de votre choix et d'aliments pauvres en matières grasses. Privilégiez la mozzarella allégée, qui ne contient que 10 g de graisses pour 100 g (3 ½ oz).

sauté thaï au sésame et au tofu

Temps de préparation : 15 minutes
Durée de cuisson : 10 minutes

4 portions

INFORMATION NUTRITIONNELLE ● Calories : 400 (1 680 KJ) ● Matières grasses : 312 g, dont moins de 2 g de graisses saturées ● Sodium : 400 mg

1 Dans un petit saladier, mélanger l'huile de sésame et 1 cuillerée à soupe de sauce teriyaki. En badigeonner les deux côtés des tranches de tofu. Parsemer un côté des tranches de tofu de graines de sésame. Mélanger le reste de sauce teriyaki avec le vinaigre ou le xérès, et la sauce au soja. Réserver.

2 Chauffer un wok ou une grande poêle. La badigeonner d'un peu d'huile d'arachide et y déposer le tofu, graines de sésame vers le bas, et faire 2 minutes. Saupoudrer le tofu du reste des graines de sésame. Retourner le tofu et faire 2 minutes de plus, jusqu'à ce qu'il soit croustillant. Retirer le tofu de la poêle et conservez-le au chaud.

3 Badigeonner la poêle d'un peu d'huile d'arachide, puis y déposer les pois mange-tout, les carottes, les germes de soja et les bâtonnets de ciboule. Faire sauter 2 ou 3 minutes, jusqu'à ce qu'ils soient tendres mais encore croquants. Ajouter la sauce teriyaki réservée. Faire sauter 1 minute.

4 Diviser les nouilles chaudes en deux portions et les verser dans deux bols chauds. Ajouter le cresson, verser les légumes et terminer avec le tofu. Garnir avec les morceaux de ciboule verts. Vous pouvez servir ce plat avec une salade verte.

1 cuil. à café d'huile de sésame
2 cuil. à soupe de sauce teriyaki (voir p. 124)
400 g (13 oz) de tofu ferme coupé en 4 tranches épaisses
2 cuil. à soupe de graines de sésame
1 cuil. à soupe de vinaigre de riz ou de xérès
2 cuil. à soupe de sauce soja allégée en sel
1 cuil. à soupe d'huile d'arachide
16 pois mange-tout
1 carotte coupée en bâtonnets fins
125 g (4 oz) de germes de soja
2 ciboules, la partie blanche coupée en bâtonnets de 5 cm (2 po), la partie verte effilochée pour la garniture
250 g (8 oz) de nouilles de riz, préparées selon les instructions sur l'emballage
50 g (2 oz) de brins de cresson

TRUCS NUTRITIONNELS

Le tofu est riche en protéines et en vitamines B, pauvre en graisses saturées et en sodium, et il constitue une source importante de calcium non laitier.

saucisses végétariennes au cidre et à la sauge

Temps de préparation : 10 minutes
Durée de cuisson : 35 à 45 minutes

  4 portions

INFORMATION NUTRITIONNELLE ◦ Calories : 200 (840 KJ) ◦ Matières grasses : 3,5 g, dont 2 g de graisses saturées
◦ Sodium : 200 mg

1 Mettre une cocotte sur le feu, y déposer les saucisses et les cuire 8 à 10 minutes, en les retournant souvent, jusqu'à ce qu'elles soient totalement dorées. Les retirer de la cocotte et réserver.

2 Verser un peu d'eau dans la cocotte, y déposer les légumes et laisser mijoter sur feu doux pendant environ 5 minutes, tout en remuant, jusqu'à ce qu'ils soient légèrement colorés. Ajouter la farine et cuire 1 ou 2 minutes.

3 Verser le cidre et le bouillon, et porter à ébullition tout en remuant. Réduire le feu et remettre les saucisses dans la cocotte. Poivrer au goût et ajouter la sauge. Couvrir et cuire entre 20 et 30 minutes, en remuant de temps en temps et en ajoutant un peu de bouillon si nécessaire. Vous pouvez servir avec une purée à l'ail (voir p. 72).

6 saucisses végétariennes ou aux microprotéines
1 oignon coupé en tranches
2 branches de céleri coupées en tranches
2 carottes coupées en rondelles
1 poivron vert évidé et coupé en morceaux
2 cuil. à soupe de farine tout usage
300 ml (10 oz) de cidre demi-sec
entre 150 et 300 ml (entre 5 et 10 oz) de bouillon de légumes maison (voir p. 122)
1 cuil. à café de sauge séchée
poivre noir fraîchement moulu

fournée facile aux haricots et aux poivrons

Temps de préparation : 10 minutes
Durée de cuisson : 30 à 40 minutes
INFORMATION NUTRITIONNELLE ○ Calories : 384 (1 613 KJ)   ○ Matières grasses : 2,5 g, dont 2 g de graisses saturées
○ Sodium : 586 mg

4 portions

1 Dans un grand saladier, mélanger les haricots, les tomates mixées ou la passata, l'oignon, les herbes, l'ail, le fenouil, les poivrons et le poivre, au goût.

2 Graisser un plat allant au four. Y verser le mélange de haricots et recouvrir des tomates hachées.

3 Faire cuire dans un four préchauffé à 180 °C (350 °F), tendant 35 à 40 minutes. Saupoudrer de parmesan avant de servir. Vous pouvez accompagner ce plat de riz sauvage, de brocolis, de carottes ou de panais à la vapeur.

325 g (11 oz) de haricots borlotti en conserve, rincés et égouttés
400 g (13 oz) de haricots blancs en conserve, rincés et égouttés
400 g (13 oz) de flageolets en conserve, rincés et égouttés
400 g (13 oz) de passata (ou de concentré de tomate)
1 gros oignon haché
2 cuil. à café de fines herbes italiennes séchées
2 cuil. à café de persil haché
1 gousse d'ail émincée
1 bulbe de fenouil paré et tranché
2 poivrons rouges ou verts évidés et hachés
un peu d'huile végétale pour graisser le plat
2 tomates hachées
poivre noir fraîchement moulu
3 cuil. à soupe de parmesan râpé

TRUCS NUTRITIONNELS

Les haricots contiennent beaucoup de fibres solubles et insolubles. Les fibres solubles contribuent à la diminution du cholestérol et contrôlent le niveau de glycémie. Les fibres insolubles aident à prévenir et à contrôler les problèmes intestinaux comme la constipation et les maladies diverticulaires.

mélange de haricots au massala

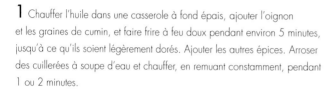

Temps de préparation : 5 minutes
Durée de cuisson : 30 minutes

(V) **4 portions**

INFORMATION NUTRITIONNELLE   ○ Calories : 150 (630 KJ)   ○ Matières grasses : 5 g, dont 0,5 g de graisses saturées
○ Sodium : 315 mg

1 Chauffer l'huile dans une casserole à fond épais, ajouter l'oignon et les graines de cumin, et faire frire à feu doux pendant environ 5 minutes, jusqu'à ce qu'ils soient légèrement dorés. Ajouter les autres épices. Arroser des cuillerées à soupe d'eau et chauffer, en remuant constamment, pendant 1 ou 2 minutes.

2 Ajouter délicatement les pois chiches, les haricots, la tomate, les piments, l'ail et le gingembre. Bien mélanger et ajouter les 250 ml (8 oz) d'eau. Porter à ébullition, puis baisser le feu et laisser mijoter 15 à 20 minutes.

3 Ajouter le poivre et chauffer 2 ou 3 minutes de plus. Verser le jus de citron et ajouter la moitié de la coriandre. Servir immédiatement, garni avec le reste de la coriandre.

OU VOUS POURRIEZ ESSAYER...
Ce plat peut être préparé de plusieurs façons et servi avec du riz basmati et une salade verte croquante, il peut également accompagner un poulet tandoori (voir p. 104) ou un curry kofta (voir p. 106), ou encore il peut garnir des pommes de terre au four (voir p. 73) ou une salade froide.

1 cuil. à soupe d'huile végétale
1 petit oignon haché
½ cuil. à café de graines de cumin
½ cuil. à café d'assaisonnement
   au chili
½ cuil. à café de curcuma
¼ cuil. à café de garam massala
250 ml (8 oz) d'eau, plus 2 cuil.
   à soupe
200 g (7 oz) de pois chiches en
   conserve, rincés et égouttés
200 g (7 oz) de haricots rouges
   en conserve, rincés et égouttés
1 tomate hachée
1 ou 2 piments verts égrenés et
   hachés
4 gousses d'ail émincées
1 cuil. à café de gingembre râpé
   finement
1 poivron vert évidé et haché
2 cuil. à soupe de jus de citron
2 ou 3 cuil. à soupe de coriandre
   fraîche hachée

TRUCS NUTRITIONNELS
Les haricots constituent une source
excellente de phytœstrogènes,
comme les lignans et les
isoflavones.

poivrons au chili farcis de haricots et de maïs

Temps de préparation : 15 minutes

Durée de cuisson : environ une heure

(V)　　　　　　　　　　**4 portions**

INFORMATION NUTRITIONNELLE　⦿ Calories : 300 (1 260 KJ)　⦿ Matières grasses : 7 g, dont 2 g de graisses saturées
⦿ Sodium : 425 mg

1 Verser le riz dans une grande casserole remplie d'eau et porter à ébullition. Baisser le feu et laisser mijoter 20 à 25 minutes, jusqu'à ce qu'il soit tendre. Égoutter et transvaser dans un saladier.

2 Pendant ce temps, verser l'huile dans une casserole, ajouter l'oignon et faire frire à feu doux pendant 5 minutes. Ajouter l'oignon au riz avec la sauce chili, le maïs et les haricots. Poivrer au goût.

3 Découper la partie supérieure des poivrons et réserver. Retirer un peu de la partie inférieure si nécessaire pour que les poivrons puissent tenir à la verticale, puis en retirer le centre et les graines et les jeter. Les déposer sur une plaque à pâtisserie.

4 Mélanger le fromage au mélange à base de riz et en farcir les poivrons, en les remplissant au maximum. Replacer leurs « chapeaux » et cuire dans un four préchauffé à 200 °C (400 °F), pendant 30 minutes, jusqu'à ce qu'ils soient tendres. Vous pouvez servir ce plat avec du yaourt nature.

OU VOUS POURRIEZ ESSAYER...

Vous pouvez également utiliser cette farce avec d'autres légumes : aubergines, oignons, champignons, pommes de terre, potirons, courges musquées, tomates, feuilles de chou de Savoie, courgettes ou courges.

75 g (3 oz) de riz brun à cuisson rapide
1 oignon émincé
1 cuil. à soupe d'huile végétale
½ cuil. à soupe d'assaisonnement au chili fort
200 g (7 oz) de maïs en conserve, rincé et égoutté
200 g (7 oz) de haricots rouges en conserve, rincés et égouttés
4 poivrons rouges
50 g (2 oz) de fromage à pâte ferme vieilli, râpé
poivre noir fraîchement moulu
yaourt nature

TRUCS NUTRITIONNELS

Très faciles à utiliser, les légumineuses en conserve sont des aliments essentiels à conserver dans votre garde-manger pour votre santé. En ajoutant des haricots à n'importe quel plat, vous pouvez contribuer à réduire le risque de développer une maladie cardiaque.

spaghettis à la sauce bolognaise au soja, aux tomates et aux champignons

Temps de préparation : 15 minutes

Durée de cuisson : 20 à 25 minutes

INFORMATION NUTRITIONNELLE   ● Calories : 195 (819 KJ)   ● Matières grasses : 5 g, dont 0,5 g de graisses saturées
● Sodium : 2011 mg

Ⓥ   **4 portions**

1 Cuire le soja sec selon les instructions sur l'emballage.

2 Chauffer l'huile dans une grande casserole, ajouter l'oignon et l'ail, et chauffer en remuant pendant 2 à 3 minutes, jusqu'à ce qu'ils aient ramolli.

3 Ajouter les champignons, la carotte, les tomates, le bouillon, le concentré de tomate, les fines herbes, l'extrait de levure, le soja et le poivre, au goût. Bien mélanger et laisser mijoter pendant 20 à 25 minutes.

4 Pendant ce temps, cuire les spaghettis selon les instructions sur l'emballage, jusqu'à ce qu'ils soient tendres. Bien égoutter.

5 Servir les spaghettis recouverts de sauce et saupoudrés d'un peu de parmesan. Vous pouvez accompagner ce plat d'une salade verte.

150 g (5 oz) de soja haché sec
1 cuil. à soupe d'huile végétale
1 oignon haché
1 gousse d'ail écrasée
125 g de champignons coupés en tranches
1 carotte coupée en rondelles
1 kg (2 lb) de tomates mûres pelées, ou 2 x 400 g (13 oz) de tomates hachées en conserve
150 ml (5 oz) de bouillon de légumes (voir p. 122)
2 cuil. à soupe de concentré de tomate
1 cuil. à café d'origan séché
1 cuil. à café de basilic séché
1 cuil. à café d'extrait de levure
400 g (13 oz) de spaghettis
poivre noir fraîchement moulu
parmesan râpé pour le service

risotto au poivron vert et aux noix de cajou

Temps de préparation : 5 minutes

Durée de cuisson : 55 minutes

 5 portions

INFORMATION NUTRITIONNELLE ○ Calories : 421 (1 768 KJ) ○ Matières grasses : 16 g, dont 3 g de graisses saturées
○ Sodium : 410 mg

1 Chauffer l'huile dans une grande poêle ou dans un wok, ajouter l'oignon et le poivron, et cuire à feu doux environ 5 minutes, jusqu'à ce qu'ils aient ramolli. Ajouter le maïs et le riz, et cuire 11 minutes en remuant.

2 Ajouter le bouillon et porter à ébullition. Baisser le feu et laisser mijoter à découvert, pendant 30 à 40 minutes, jusqu'à ce que le riz soit tendre.

3 Ajouter la sauce au soja et les noix de cajou, et chauffer 5 à 10 minutes de plus, jusqu'à ce que la totalité du bouillon ait été absorbée. Vous pouvez servir avec une salade mélangée ou en plat d'accompagnement.

2 cuil. à soupe d'huile végétale
1 oignon émincé
1 poivron vert évidé et émincé
125 g (4 oz) de maïs
300 g (10 oz) de riz brun
900 ml (30 oz) de bouillon de
 légumes chaud (voir p. 122)
1 cuil. à soupe de sauce au soja
 allégée en sel
125 g (4 oz) de noix de cajou
 non salées

TRUCS NUTRITIONNELS

Des recherches indiquent que la consommation quotidienne d'une petite poignée de noix non salées (25 g / 1 oz) peut diminuer le cholestérol et réduire le risque de crise cardiaque. Bien qu'elles soient riches en graisses, les noix constituent des en-cas plus sains que les croustilles et les biscuits.

kitchiri aux lentilles et aux légumes

Temps de préparation : 10 minutes, plus le temps de trempage

Durée de cuisson : 35 minutes

 4 portions

INFORMATION NUTRITIONNELLE ○ Calories : 300 (1 260 KJ) ○ Matières grasses : 8 g, dont 1 g de graisses saturées
○ Sodium : 26 mg

1 Laver les lentilles et le riz ensemble, et laisser tremper dans un saladier rempli d'eau pendant 15 à 20 minutes. Égoutter et réserver.

2 Chauffer l'huile dans une casserole, et ajouter l'oignon, la cannelle, les clous de girofle, la cardamome (facultatif) et les graines de cumin, et cuire à feu doux environ 5 minutes, en remuant souvent, jusqu'à ce que l'oignon soit bien doré.

3 Ajouter le curcuma, l'assaisonnement au chili, la pâte au gingembre et à l'ail, le yaourt et un peu d'eau, et cuire 2 ou 3 minutes, en ajoutant plus d'eau si nécessaire. Ajouter les haricots, la carotte et les tomates, et cuire 1 ou 2 minutes.

4 Ajouter le riz et les lentilles, mélanger et verser l'eau mesurée. Couvrir la casserole avec un couvercle hermétique et porter à ébullition. Baisser le feu et laisser mijoter 20 minutes. Laisser reposer 3 ou 4 minutes avant de servir.

50 g (2 oz) de lentilles rouges

200 g (7 oz) de riz basmati ou de riz à grain long

2 cuil. à soupe d'huile végétale

1 oignon émincé

1 cm (½ po) de bâton de cannelle

1 gousse de cardamome fendue ou écrasée (facultatif)

1 cuil. à café de graines de cumin

2 ou 3 clous de girofle

¼ cuil. à café de curcuma

½ cuil. à café d'assaisonnement au chili

2 cuil. à café de pâte au gingembre et à l'ail (voir p. 123)

1 cuil. à soupe de yaourt nature

75 g (3 oz) de haricots verts hachés

75 g (3 oz) de carottes coupées en dés

50 g (2 oz) de tomates hachées

450 ml (15 oz) d'eau

TRUCS NUTRITIONNELS

Les légumineuses, tels les lentilles, les pois chiches, les fèves de soja et les haricots rouges, constituent une partie importante d'une alimentation à faible indice glycémique (IG). Il est recommandé d'en consommer au moins deux fois par semaine.

moussaka au soja, aux aubergines et aux pommes de terre

Temps de préparation : 45 minutes
Durée de cuisson : 45 minutes

Ⓥ   **4 portions**

INFORMATION NUTRITIONNELLE   ⦿ Calories : 445 (2 226 KJ)   ⦿ Matières grasses : 12 g, dont 4 g de graisses saturées
⦿ Sodium : 1 932 mg

1 Chauffer presque toute l'huile dans une poêle antiadhésive et cuire les aubergines en plusieurs fois pendant environ 10 minutes, jusqu'à ce qu'elles soient légèrement dorées. Réserver. Faire la même chose avec les pommes de terre, en ajoutant un peu d'eau bouillante ou de bouillon si nécessaire. Réserver avec les aubergines.

2 Mettre l'oignon dans la poêle et cuire 5 minutes. Ajouter le soja haché et cuire 5 minutes. Verser le vin, le bouillon, la passata, le concentré de tomate, les épices, le thym et le poivre, au goût. Laisser mijoter à feu doux, à découvert, pendant environ 15 minutes, jusqu'à ce que le mélange épaississe. Retirer du feu.

3 Pour la garniture, mélanger la farine de maïs avec un peu de lait. Verser dans une poêle et chauffer à feu doux en ajoutant graduellement le reste du lait, tout en mélangeant. Continuer à mélanger jusqu'à ce que la sauce devienne épaisse. Laisser mijoter 2 ou 3 minutes. Ajouter la noix de muscade et laisser refroidir avant d'ajouter l'œuf.

4 Graisser un plat allant au four avec le reste de l'huile. Déposer au fond une couche de pommes de terre, recouvrir d'une couche de sauce, puis d'une couche d'aubergines. Continuer dans cet ordre. Rajouter la sauce de garniture et saupoudrer de parmesan. Cuire dans un four préchauffé à 190 °C (375 °F), pendant environ 45 minutes, jusqu'à ce que le dessus soit gratiné.

1 cuil. à soupe d'huile d'olive
2 aubergines moyennes tranchées
  finement
2 grosses pommes de terre tranchées
  finement
1 gros oignon haché
150 g (5 oz) de soja haché sec, cuit
  selon les instructions sur l'emballage
300 ml (10 oz) de vin rouge
300 ml (10 oz) de bouillon de
  légumes (voir p. 122)
300 ml (10 oz) de passata
2 cuil. à soupe de concentré de tomate
½ cuil. à café de cannelle moulue
¼ cuil. à café de noix de muscade
½ cuil. à café de thym séché
poivre noir fraîchement moulu
25 g (1 oz) de farine de maïs
450 ml (15 oz) de lait écrémé
¼ cuil. à café de noix de muscade
  moulue
1 œuf
50 g (2 oz) de parmesan râpé

TRUCS NUTRITIONNELS

Pour réduire la quantité d'huile utilisée lors de la cuisson de légumes à la poêle, ajouter un peu de bouillon chaud, de vin ou de xérès.

falafels aux patates douces et haricots cannellini

Temps de préparation : 20 minutes
Durée de cuisson : 10 minutes
Ⓥ   **6 portions**

INFORMATION NUTRITIONNELLE ⦿ Calories : 215 (903 KJ) ⦿ Matières grasses : 8 g, dont 1 g de graisses saturées
⦿ Sodium : 245 mg

1 Faire bouillir les patates douces ou les cuire au four à micro-ondes, jusqu'à ce qu'elles soient tendres, et égoutter. Les déposer dans un saladier et les réduire en purée. Réserver.

2 Chauffer l'huile dans une poêle antiadhésive, ajouter l'ail, le cumin et la coriandre moulue. Cuire 1 ou 2 minutes en remuant, jusqu'à ce que les effluves des épices se dégagent. Ajouter le concentré de tomate. Chauffer 3 ou 4 minutes, jusqu'à ce que le mélange devienne rouge vif et que les arômes se soient bien mélangés. Ajouter les haricots.

3 Mettre la coriandre fraîche, le tahini et le jus de citron dans un robot culinaire et mixer jusqu'à l'obtention d'une pâte grossière.

4 Ajouter dans le mélange aux haricots la chapelure et les patates douces ; mixer. Diviser la préparation obtenue en galettes de 2,5 cm (1 po) de diamètre. Si la préparation est trop humide, ajouter un peu de chapelure. Rouler dans la farine. Déposer sur un plat recouvert de film plastique. Couvrir et mettre au réfrigérateur jusqu'au moment de la cuisson. Il est possible de les préparer une journée à l'avance.

5 Faire griller les falafels sous un gril préchauffé pendant 3 ou 4 minutes de chaque côté, jusqu'à ce qu'ils soient dorés et croustillants.

6 Étaler de l'hoummos sur le pain pita. Garnir avec de la laitue, du taboulé et de l'oignon. Déposer 3 falafels dans chaque pita et appuyer légèrement dessus pour les aplatir. Arroser de jus de citron au goût et servir immédiatement.

6 pains pita réchauffés
1 cuil. à soupe d'hoummos allégé
    en matières grasses ou d'hoummos (voir p. 29)
100 g (3 ½ oz) de laitue
175 g de taboulé (voir p. 44)
1 oignon rouge émincé
jus de 1 citron, pour le service

FALAFELS
400 g (13 oz) de patates douces
    orange coupées en morceaux
2 cuil. à café d'huile d'olive
1 gousse d'ail écrasée
2 cuil. à café de cumin moulu
1 cuil. à café de coriandre moulue
1 cuil. à soupe de concentré de
    tomate
400 g (13 oz) de haricots cannellini
    en conserve, rincés et égouttés
2 cuil. à soupe de coriandre fraîche
    hachée
1 cuil. à soupe de tahini (pâte de
    graines de sésame)
1 cuil. à soupe de jus de citron
75 g (3 oz) de chapelure
farine pour la panure

viandes pauvres en matières grasses

sauté thaï au bœuf et aux poivrons mélangés

Temps de préparation : 20 minutes

Durée de cuisson : 10 minutes

4 portions

INFORMATION NUTRITIONNELLE* ❍ Calories : 255 (1 067 KJ) ❍ Matières grasses : 12 g, dont 3 g de graisses saturées
❍ Sodium : 4 mg

1 Découper le bœuf en longues lanières fines, dans le sens contraire à celui des fibres.

2 Chauffer l'huile sur feu vif dans un wok ou une grande poêle. Ajouter l'ail et chauffer 1 minute.

3 Ajouter le bœuf et cuire 2 ou 3 minutes, jusqu'à ce qu'il soit légèrement coloré. Ajouter la citronnelle et le gingembre, et retirer la poêle du feu. Retirer le bœuf de la poêle et réserver.

4 Ajouter les poivrons et l'oignon, et cuire 2 ou 3 minutes, jusqu'à ce que les oignons commencent à dorer et soient un peu ramollis.

5 Remettre le bœuf dans la poêle, arroser de jus de citron et poivrer au goût. Vous pouvez servir accompagné de nouilles ou de riz bouillis.

500 g (1 lb) de filet mignon de bœuf
1 cuil. à soupe d'huile de sésame
1 gousse d'ail émincée
1 tige de citronnelle émincée
2,5 cm (1 po) de gingembre frais
    pelé et haché finement
1 poivron rouge évidé et coupé en
    gros morceaux
1 poivron vert égrené et coupé en
    gros morceaux
1 oignon coupé en gros morceaux
2 cuil. à soupe de jus de citron
poivre noir fraîchement moulu

*quantité par portion sans nouilles ou riz

TRUCS NUTRITIONNELS

La cuisson en mode sauté est saine et facile à réaliser. Il est important de mesurer l'huile avec une cuillère à café ou à soupe et d'en utiliser le moins possible. Vous pouvez sauter des aliments dans un peu d'eau, de bouillon ou de vin pour réduire davantage la teneur en graisses.

filets de dinde aux canneberges et à l'orange

Temps de préparation : 5 minutes

Durée de cuisson : 45 à 50 minutes

4 portions

INFORMATION NUTRITIONNELLE   ◉ Calories : 330 (1 386 KJ)   ◉ Matières grasses : 2 g, dont moins de 1 g de graisses saturées
◉ Sodium : 120 mg

1 Dans un petit saladier, mélanger le miel, le jus et le zeste d'orange, le poivre de Jamaïque et les canneberges.

2 Retirer le gras visible des poitrines de dinde. Les déposer dans un plat allant au four et recouvrir de la moitié de la préparation aux canneberges. Cuire dans un four préchauffé à 190 °C (375 °F), pendant 15 minutes.

3 Sortir le plat du four, retourner les morceaux de dinde et recouvrir du reste de la préparation aux canneberges. Remettre au four pour 30 ou 35 minutes de plus. Vous pouvez servir ce plat avec des légumes racines rôtis épicés (voir p. 52) ou des pommes de terre au four et des légumes verts feuillus.

2 cuil. à café de miel

300 ml (10 oz) de jus d'orange

1 cuil. à café de zeste d'orange râpé

½ cuil. à café de poivre de Jamaïque

500 g (1 lb) de canneberges (fraîches, en conserve ou congelées et dégelées)

4 poitrines de dinde sans peau, d'environ 125 g (4 oz) chacune

TRUCS NUTRITIONNELS

Même lorsque vous cuisinez de la viande maigre comme de la volaille, assurez-vous de retirer la peau, qui est riche en graisses, ainsi que le gras visible. La viande blanche contient moins de matières grasses que la viande rouge, mais il est important de ne pas trop la cuire puisqu'elle a tendance à sécher facilement. Conservez-en l'humidité en l'arrosant de bouillon ou de vin. Dans de nombreuses recettes, le poulet et la dinde peuvent facilement être remplacés par d'autres viandes maigres, comme du lapin, du gibier ou de l'autruche.

enchiladas au poulet avec salsa à la mangue

Temps de préparation : 20 minutes

Durée de cuisson : 25 minutes

6 portions

INFORMATION NUTRITIONNELLE* ◗ Calories : 240 (1 048 KJ) ◗ Matières grasses : 3 g, dont moins de 1 g de graisses saturées ◗ Sodium : 190 mg

1 Chauffer l'huile dans une casserole, ajouter l'oignon et cuire environ 5 minutes, jusqu'à ce qu'il soit tendre. Ajouter les haricots, le poulet, les piments, l'origan et la tomate fraîche. Chauffer, puis retirer du feu.

2 Mettre la poudre de chili, le cumin et les tomates mixées ou la passata dans une casserole et faire mijoter pendant 2 minutes. Retirer du feu.

3 Tremper chaque tortilla dans la préparation à la tomate et mettre de côté sur un plat. Remplir chaque tortilla de 3 cuillerées à soupe de la prépara-tion au poulet. Enrouler et déposer dans un plat allant au four, en mettant l'ouverture des tortillas vers le fond du plat. Verser les deux tiers de la salsa à la mangue sur les enchiladas. Saupoudrer de fromage et conserver le reste de la salsa pour le service.

4 Cuire dans un four préchauffé à 180 °C (350 °F), environ 20 minutes. Déposer 2 enchiladas sur chaque assiette et servir.

2 cuil. à café d'huile végétale

1 gros oignon haché

250 g (8 oz) de haricots pinto en conserve, rincés et égouttés

300 g (10 oz) de poitrines de poulet cuites, sans la peau, et coupées en cubes

4 piments verts égrenés et hachés

1 cuil. à café d'origan séché

1 grosse tomate hachée

¼ cuil. à café d'assaisonnement au chili

¼ cuil. à café de cumin moulu

400 g (13 oz) de tomates en con-serve, hachées dans un robot culinaire et tamisées, ou de passata

12 tortillas au maïs

salsa à la mangue (voir p. 125)

75 g (3 oz) de mozzarella allégée râpée

*valeurs par enchilada

poulet tandoori

Temps de préparation : 10 minutes, plus la marinade

Durée de cuisson : 20 minutes

INFORMATION NUTRITIONNELLE ● Calories : 212 (890 KJ) ● Matières grasses : 4 g, dont 1 g de graisses saturées
● Sodium : 110 mg

5 portions

1 Mélanger tous les ingrédients de la marinade dans un bol.

2 Déposer le poulet dans un plat non métallique. Bien l'arroser de marinade. Couvrir et réfrigérer 2 à 4 heures.

3 Retirer l'excédent de marinade du poulet. Déposer le poulet sur une plaque à rôtir. L'arroser de vin ou d'eau à hauteur de 2,5 cm (1 po) et ajouter les herbes, afin que la viande reste humide pendant la cuisson.

4 Cuire le poulet dans un four préchauffé à 240 °C (475 °F), pendant 10 minutes. Retourner le poulet et laisser 10 minutes de plus, jusqu'à ce qu'il soit cuit. Vous pouvez servir avec une sauce au yaourt aux herbes et aux concombres (p. 124) et l'accompagner de pain, de riz basmati et d'une salade verte.

4 poitrines de poulet désossées et
dépiautées d'environ 150 g
(5 oz) chacune

vin ou eau

quelques brins d'herbes fraîches, par
ex. du romarin, du thym ou du persil

MARINADE

1 cuil. à soupe de gingembre frais râpé

2 cuil. à café de graines de coriandre
grillées

2 cuil. à café de feuilles de romarin

1 cuil. à café de zeste de citron râpé

½ cuil. à café de cardamome moulue

½ cuil. à café de cumin moulu

¼ cuil. à café de grains de poivre
broyés

¼ cuil. à café de sauce ou de poudre
de chili

125 g (4 oz) de yaourt nature

1 cuil. à soupe de jus de citron

TRUCS NUTRITIONNELS

*La méthode de cuisson tandoori ne
requiert aucun gras ou sucre ajouté,
et elle peut être utilisée avec des
poissons ou de l'agneau. Le poisson
peut être cuit dans une poêle à fond
cannelé ou sous un gril à raison de
3 minutes de chaque côté.*

ragoût turc à l'agneau et aux pommes de terre

Temps de préparation : 20 minutes

Durée de cuisson : 2 heures

6 portions

INFORMATION NUTRITIONNELLE   ● Calories : 307 (1 290 KJ)   ● Matières grasses : 10 g, dont 4 g de graisses saturées   ● Sodium : 384 mg

1 Chauffer l'huile dans une grande casserole à fond épais. Ajouter l'agneau et cuire, en remuant, jusqu'à ce qu'il soit bien doré.

2 Ajouter les oignons et l'ail, et cuire à feu doux environ 5 minutes, jusqu'à ce qu'ils aient ramolli. Ajouter les pommes de terre, les tomates, le poivre, le bouillon ou l'eau et le vinaigre, et porter à ébullition. Terminer avec les fines herbes et bien assaisonner avec du poivre. Couvrir et laisser mijoter à feu doux pendant 1 heure.

3 Bien mélanger, puis ajouter l'aubergine et/ou le fenouil et les olives. Faire bouillir à nouveau, couvrir et laisser mijoter à feu doux pendant 45 à 60 minutes, jusqu'à ce que l'agneau soit très tendre, en remuant de temps en temps. Retirer les feuilles de laurier avant de servir. Vous pouvez servir accompagné de pain pita et d'une salade mélangée.

1 cuil. à soupe d'huile végétale

500 g (1 lb) d'agneau maigre coupé en cubes de 1,5 cm (¾ po)

4 oignons détaillés

2 gousses d'ail écrasées

750 g (1 ½ lb) de pommes de terre coupées en morceaux

375 g (12 oz) de tomates pelées et coupées en tranches ou en quartiers

1 poivron rouge ou vert évidé et coupé en tranches

900 ml (30 oz) de bouillon ou d'eau

2 cuil. à soupe de vinaigre de vin blanc

2 feuilles de laurier

1 cuil. à café de sauge hachée

1 cuil. à soupe d'aneth ou de fenouil haché

1 aubergine et/ou 1 bulbe de fenouil haché

12 olives noires dénoyautées

poivre noir fraîchement moulu

TRUCS NUTRITIONNELS

Le bœuf, le porc et l'agneau sont considérés comme de la viande rouge, et ils peuvent faire partie d'une alimentation saine si on s'assure que la viande est extra-maigre. Consommez de petites quantités de viande de bonne qualité, et accompagnez-les de beaucoup de légumes, de haricots et de féculents.

curry kofta

Temps de préparation : 25 minutes, plus le temps de réfrigération   **4 portions**

Durée de cuisson : 40 minutes

INFORMATION NUTRITIONNELLE   ○ Calories : 220 (924 KJ)   ○ Matières grasses : 11 g, dont 4 g de graisses saturées
○ Sodium : 96 mg

1 Pour les koftas (boulettes de viande), déposer l'oignon, le gingembre, l'ail et la coriandre dans un robot culinaire. Mixer et ajouter à la viande hachée dans un saladier, avec les épices et la farine de maïs. Pétrir la préparation pour bien mélanger. Couvrir et réfrigérer 10 à 15 minutes pour permettre à la saveur des épices de se dégager.

2 Pour la sauce, chauffer l'huile dans une casserole à fond épais, ajouter l'oignon et cuire à feu doux pendant 5 minutes. Ajouter le cumin et la cardamome, et chauffer environ 2 minutes, jusqu'à ce que les oignons soient dorés, puis ajouter la pâte au gingembre et à l'ail, ainsi que le reste des épices. Chauffer en ajoutant un peu d'eau si nécessaire, pendant environ 5 minutes, jusqu'à ce que les épices soient colorées. Ajouter les tomates et le yaourt en remuant constamment.

3 Pendant ce temps, diviser la préparation des koftas en 16 portions égales en leur donnant la forme d'une petite boule. Les déposer sous un gril préchauffé pendant 10 minutes ; les retourner une fois pour les débarrasser de leur excédent de matières grasses.

4 Déposer les koftas dans la sauce et chauffer environ 2 minutes en remuant, puis ajouter de l'eau, couvrir et laisser mijoter 20 à 25 minutes. Ajouter le piment et la coriandre, et arroser d'un peu d'eau bouillante si nécessaire. Vous pouvez l'accompagner de riz basmati et d'un bhaji aux champignons et aux petits pois (voir p. 50).

1 petit oignon haché

2 cuil. à café de gingembre frais râpé

3 gousses d'ail hachées grossièrement

3 cuil. à café de coriandre fraîche

325 g (11 oz) d'agneau ou de bœuf haché maigre

½ cuil. à café de poudre de chili

¼ cuil. à café de garam massala

1 cuil. à soupe de farine de maïs

SAUCE

1 cuil. à soupe d'huile végétale

1 petit oignon émincé

¼ cuil. à café de graines de cumin

2 ou 3 gousses de cardamome verte

2 cuil. à café de pâte au gingembre et à l'ail (voir p. 123)

½ cuil. à café d'assaisonnement au chili

¼ cuil. à café de curcuma

¼ cuil. à café de garam massala

75 g (3 oz) de tomates hachées

1 cuil. à soupe de yaourt nature

450 ml (15 oz) d'eau

1 piment vert égrené et émincé

2 cuil. à soupe de coriandre fraîche

desserts

pouding au pain et à la margarine

Temps de préparation : 30 minutes
Durée de cuisson : 45 minutes

(V)   **4 portions**

INFORMATION NUTRITIONNELLE ○ Calories : 300 (1 260 KJ) ○ Matières grasses : 10 g, dont 2 g de graisses saturées
○ Sodium : 418 mg

1 Graisser un plat à tarte d'une contenance de 600 ml (20 oz). Couper le pain en triangles et en recouvrir le fond du plat en une couche. Saupoudrer de quelques fruits mélangés et d'un peu de zeste d'orange. Ajouter une autre couche de pain, et ainsi de suite, en terminant par une couche de pain.

2 Dans une petite casserole, chauffer le lait et le sucre jusqu'à ébullition, puis retirer du feu et laisser refroidir légèrement. Ajouter la liqueur d'orange.

3 Verser le mélange à base de lait sur les œufs dans un plat résistant à la chaleur et bien remuer. Verser la préparation sur les couches de pain et laisser reposer pendant environ 15 minutes.

4 Saupoudrer d'un peu de sucre et cuire dans un four préchauffé à 160 °C (325 °F), pendant 45 minutes, jusqu'à ce que le dessus ait gonflé et soit gratiné.

un peu de margarine insaturée pour graisser le plat

5 tranches de pain complet, sans croûte, recouvertes de margarine insaturée

50 g (2 oz) de raisins secs sans pépins ou de fruits secs mélangés

zeste râpé de ½ orange

600 ml (20 oz) de lait écrémé ou de lait de soja à la vanille

35 g (1 oz) de sucre, plus une petite quantité supplémentaire à saupoudrer avant la cuisson

une rasade de Cointreau ou de Grand Marnier

2 œufs battus

TRUCS NUTRITIONNELS

Une augmentation de l'apport quotidien en soja pourrait contribuer à diminuer considérablement le risque de développer une maladie cardiaque. Le lait de soja est fait de fèves de soja entières moulues. Il ne contient pas de lactose, ni de caséine, et certaines marques sont enrichies en calcium, vitamine D et vitamine B_{12}.

charlotte aux prunes

Temps de préparation : 20 minutes

Durée de cuisson : 40 à 45 minutes

INFORMATION NUTRITIONNELLE ○ Calories : 255 (1 071 KJ) ○ Matières grasses : 8 g, dont 2 g de graisses saturées
○ Sodium : 220 mg

 6 portions

1 Graisser le fond et les côtés d'un plat à pâtisserie profond avec un peu de margarine insaturée. Recouvrir le fond d'une partie de la mie de pain.

2 Déposer ensuite une couche de prunes, et saupoudrer d'un peu de cassonade, ainsi que du zeste et du jus de citron. Parsemer de petites pointes de margarine.

3 Continuer à rajouter des couches dans cet ordre en terminant par une couche de mie et en la parsemant de pointes de margarine.

4 Arroser du jus d'orange et faire cuire dans un four préchauffé à 190 °C (375 °F), pendant 40 à 45 minutes, jusqu'à ce que le dessus soit doré et que les prunes soient tendres.

5 Servir dans le plat de cuisson. Vous pouvez l'accompagner de crème allégée, de fromage frais ou de yaourt nature.

50 g (2 oz) de margarine insaturée

175 g (6 oz) de mie de pain blanc frais

750 g (1 ½ lb) de prunes mûres, coupées en deux et dénoyautées

100 g (3 ½ oz) de cassonade

zeste finement râpé et jus de ½ citron

250 ml (8 oz) de jus d'orange frais

crumble aux pommes et aux figues

Temps de préparation : 20 minutes

Durée de cuisson : 25 à 30 minutes

 6 portions

INFORMATION NUTRITIONNELLE   **O** Calories : 250 (1 050 KJ)   **O** Matières grasses : 8 g, dont 1,5 g de graisses saturées   **O** Sodium : 75 mg

1 Tamiser la farine dans un grand saladier et ajouter la margarine en la travaillant pour obtenir des miettes grossières. Ajouter la cassonade et mélanger.

2 Déposer les fruits dans un plat à four d'une contenance de 1,2 litre (40 oz). Ajouter le zeste et le jus du citron ainsi que la cannelle. Verser la préparation de miettes sur les fruits, et cuire dans un four préchauffé à 180 °C (350 °F), pendant 25 à 30 minutes, jusqu'à ce que le dessus doit doré. Servir chaud.

OU VOUS POURRIEZ ESSAYER...

Pensez à utiliser une grosse quantité de fruits – entre 500 et 750 g (entre 1 lb et 1 ½ lb) – et adoucissez les fruits acides en les mélangeant à des fruits plus sucrés, en ajoutant un peu de zeste et de jus d'orange, ou encore un mélange de fruits secs. Essayez les combinaisons suivantes :

- **O** Prunes et mûres
- **O** Rhubarbe et fraises
- **O** Canneberges et pommes
- **O** Poires et cassis
- **O** Abricots et pêches

125 g (4 oz) de farine de blé entier
50 g (2 oz) de cassonade
50 g (2 oz) de margarine insaturée
500 g (1 lb) de pommes à cuisson
   (par ex. des Bramley) pelées,
   évidées et coupées en tranches
6 figues séchées ou fraîches
   coupées en dés
zeste râpé et jus de 1 citron
1 cuil. à café de cannelle moulue

TRUCS NUTRITIONNELS

Les figues sont riches en fibres, pauvres en graisses, et elles sont une bonne source de calcium, de fer et de magnésium. Elles sont idéales dans les pâtisseries, les salades ou simplement comme en-cas.

roulade aux fraises et au fromage blanc

Temps de préparation : 30 minutes

Durée de cuisson : 8 minutes

8 portions

INFORMATION NUTRITIONNELLE ○ Calories : 110 (462 KJ) ○ Matières grasses : 3 g, dont 0,7 g de graisses saturées ○ Sodium : 34 mg

1 Graisser légèrement une plaque à pâtisserie de 33 cm sur 23 (13 po sur 9). Recouvrir d'une feuille de papier sulfurisé en le laissant dépasser de 1 cm (½ po) sur les côtés. Graisser légèrement le papier.

2 Dans un grand saladier au bain-marie, mélanger les œufs et le sucre jusqu'à l'obtention d'une pâte claire et épaisse. Tamiser la farine sur la préparation aux œufs et ajouter l'eau chaude. Mélanger. Verser sur la plaque de cuisson et cuire dans un four préchauffé à 220 °C (425 °F), pendant 8 minutes, jusqu'à ce que le mélange soit doré et cuit.

3 Pendant ce temps, déposer une feuille de papier sulfurisé graissée de 2,5 cm (1 po) de plus que la grandeur de la plaque à cuisson sur un torchon propre humide. Une fois que la pâte est cuite, la retourner immédiatement et retirer délicatement le papier sulfurisé. Enrouler la pâte en utilisant le papier sulfurisé propre, entourer le rouleau avec le torchon et laisser refroidir. Puis dérouler délicatement.

4 Mélanger la moitié des fraises au fromage blanc ou au yaourt, et étaler sur la pâte du rouleau. Enrouler la pâte de nouveau et égaliser les extrémités. Saupoudrer de sucre glace et décorer avec quelques fraises. Dans un robot culinaire, réduire le reste des fraises en purée et accompagner le rouleau de cette sauce aux fraises.

un peu de margarine insaturée
pour graisser le plat
3 œufs
125 g (4 oz) de sucre en poudre
125 g (4 oz) de farine tout usage
1 cuil. à soupe d'eau chaude
500 g (1 lb) de fraises fraîches ou
congelées (dégelées et égouttées), ou 425 g (14 oz) de fraises en conserve dans leur jus
naturel, égouttées
200 g (7 oz) de fromage blanc
ou de yaourt nature
sucre glace

TRUCS NUTRITIONNELS

Ce gâteau éponge est très gourmand, et il est pourtant pauvre en matières grasses, puisque celles-ci proviennent uniquement du jaune des œufs. Bien qu'il soit fait avec 3 œufs, chaque portion ne contient pas plus de la moitié d'un œuf. N'oubliez pas que le cholestérol alimentaire a peu d'incidence sur le cholestérol sanguin et que ce sont plutôt les graisses saturées qui augmentent le cholestérol sanguin.

pouding estival

Temps de préparation : 30 minutes, plus le temps de réfrigération **6 portions**

INFORMATION NUTRITIONNELLE ○ Calories : 225 (903 KJ) ○ Matières grasses : 0,7 g, dont 0,2 g de graisses saturées
○ Sodium : 270 mg

1 Retirer la croûte du pain et en recouvrir le fond et les côtés d'un moule à pouding d'une contenance de 1,2 litre (40 oz), en collant bien les morceau de pain les uns aux autres et en coupant les bouts si nécessaire pour égaliser. Conserver suffisamment de pain pour le dessus du gâteau.

2 Déposer les fruits, sauf les framboises et les fraises, dans une casserole avec le sucre et l'eau. Chauffer à feu doux, jusqu'à ce que le jus des fruits commence à sortir et que le sucre ait fondu. Retirer du feu, ajouter la liqueur et le reste des fruits. Égoutter les fruits au moyen d'une passoire en nylon, en réservant le jus. Verser la moitié du jus des fruits à l'aide d'une cuillère dans le plat et recouvrir avec le pain réservé.

3 Déposer sur le gâteau un poids pour y exercer une pression. Déposer le plat à gâteau dans un plat plus grand et profond afin de récupérer le jus qui pourrait déborder, et réfrigérer jusqu'au lendemain. Couvrir et réfrigérer les restes de jus séparément.

4 Pour servir, retirer le poids et passer un couteau pointu autour du pouding. Retourner le plat pour transvaser le pudding dans un plat plus profond. Si le pain est irrégulier par endroits, le badigeonner avec du jus réservé. Servir le reste de jus réservé séparément. Décorer le pouding avec des fruits et des feuilles. Servir accompagné de yaourt nature ou de fromage blanc.

300 g (10 oz) de pain rassis coupé
  en tranches moyennes
875 g (1 ¾ lb) de mélange de
  petits fruits mûrs, par ex. des
  groseilles rouges, des groseilles
  blanches, des mûres, des framboises, des fraises et des cerises,
  préparées séparément
75 g (3 oz) de sucre en poudre
75 ml (3 oz) d'eau
un peu de liqueur de framboise, de
  crème de cassis ou de kirsch
fruits et feuilles de fruits pour la
  décoration
yaourt nature ou fromage blanc,
  pour le service

TRUCS NUTRITIONNELS

Ce pouding devrait être votre préféré en été, lorsque les fruits tendres abondent, et grâce à sa faible teneur en matières grasses, il est bon pour votre cœur. Les mûres contiennent non seulement une grande quantité de vitamine C, mais elles constituent en outre une des meilleures sources de vitamine E, ce qui les rend riches en antioxydants. Une portion de 5 mûres contient 4 mg de vitamine C et 0,02 mg de vitamine E.

gâteau au fromage à la ricotta et au citron garni de bleuets

Temps de préparation : 30 minutes

Durée de cuisson : environ 1 heure

V   **10 portions**

INFORMATION NUTRITIONNELLE   ⦿ Calories : 177 (744 KJ)   ⦿ Matières grasses : 8 g, dont 4 g de graisses saturées   ⦿ Sodium : 124 mg

1 Pour la croûte, mélanger les biscuits, le sucre, la cannelle et la margarine dans un saladier. Dans un autre saladier, battre les œufs jusqu'à ce qu'ils deviennent mousseux. Verser dans la préparation de miettes et mélanger. Déposer ce mélange au fond d'un moule à gâteau rond à charnière de 23 cm (9 po) de diamètre. Cuire dans un four préchauffé à 190 °C (375 °F), pendant 7 à 10 minutes, jusqu'à ce que la croûte soit légèrement dorée. Retirer du four et laisser refroidir.

2 Pour la garniture, mélanger la ricotta et les œufs entiers dans un robot culinaire jusqu'à l'obtention d'une pâte lisse. Dans un saladier, bien mélanger cette pâte avec le sucre, le yaourt, le jus et le zeste de citron, la farine et l'essence de vanille.

3 Dans un autre saladier, battre les blancs d'œufs en neige, puis verser dans la pâte au fromage et mélanger. Recouvrir la croûte de ce mélange. Cuire au four pendant 50 à 55 minutes, jusqu'à ce que le centre du gâteau soit ferme au toucher.

4 Passer un couteau autour du gâteau pour le décoller du moule et laisser refroidir. Défaire le moule pour le retirer, couvrir le gâteau au fromage et réfrigérer au moins 2 heures, ou jusqu'à 1 journée. Avant de servir, le recouvrir de fromage frais et de bleuets ou d'un autre fruit.

500 g (1 lb) de ricotta écrémée

2 gros œufs

75 g (3 oz) de sucre

150 g (5 oz) de yaourt nature

4 cuil. à soupe de jus de citron

zeste râpé de 2 citrons

2 cuil. à soupe de farine tout usage

2 cuil. à café d'essence de vanille

2 blancs d'œufs

150 g (5 oz) de fromage blanc

300 g (10 oz) de bleuets frais, congelés (et dégelés) ou en conserve, ou d'un autre fruit tendre

CROÛTE

125 g (4 oz) de biscuits secs nature, broyés

2 cuil. à soupe de sucre

1 cuil. à café de cannelle moulue

15 g (½ oz) de margarine insaturée

1 blanc d'œuf

pavlova à la mangue et à l'ananas

Temps de préparation : 20 minutes
Durée de cuisson : 1 heure

4 portions

INFORMATION NUTRITIONNELLE ● Calories : 245 (1 029 KJ) ● Matières grasses : moins de 1 g, dont une quantité négligeable de graisses saturées ● Sodium : 77 mg

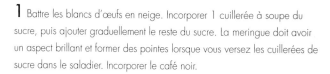

1 Battre les blancs d'œufs en neige. Incorporer 1 cuillerée à soupe du sucre, puis ajouter graduellement le reste du sucre. La meringue doit avoir un aspect brillant et former des pointes lorsque vous versez les cuillerées de sucre dans le saladier. Incorporer le café noir.

2 Étaler la meringue sur un grand morceau de papier sulfurisé en lui donnant la forme d'un rond de 20 cm (8 po) de diamètre. Creuser un petit trou au centre de la meringue et cuire dans un four préchauffé à 120 °C (250 °F), pendant 1 heure, jusqu'à ce que la meringue soit croustillante. Sortir du four et laisser refroidir 10 minutes avant de retirer la meringue du papier.

3 Lorsque la meringue est froide, remplir le trou au centre de fromage blanc. Garnir avec les morceaux de mangue et d'ananas, et parsemer des graines et du jus des fruits de la passion.

OU VOUS POURRIEZ ESSAYER...

Vous pouvez tenter d'autres combinaisons de fruits pour garnir le pavlova :

● Fraises et mangue

● Framboises et bleuets

● Cerises et nectarines

● Ananas et papaye

3 blancs d'œufs

175 g (6 oz) de sucre en poudre

1 cuil. à café de café noir

250 g (8 oz) de fromage blanc

125 g (4 oz) de mangue coupée en dés

125 g (4 oz) d'ananas frais coupé en morceaux

1 ou 2 fruits de la passion

TRUCS NUTRITIONNELS

Le pavlova, qui est un dessert très apprécié, contient étrangement très peu de matières grasses. La meringue est naturellement très pauvre en matières grasses puisqu'elle est faite à base de blancs d'œufs. Dans la plupart des recettes, vous pouvez remplacer un œuf entier par deux blancs d'œufs, ou encore utiliser de la poudre de blanc d'œuf. Utilisez du fromage blanc au lieu d'une crème riche et ajouter la variété de fruits qui vous plaît. Les fruits orange et jaunes, comme les mangues et les ananas, sont gorgés de vitamines antioxydantes A, C et E.

croustillant aux pruneaux et au chocolat

Temps de préparation : 15 minutes
Durée de cuisson : 30 minutes

(V)   **12 portions**

INFORMATION NUTRITIONNELLE   ○ Calories : 165 (633 KJ)   ○ Matières grasses : 2 g, dont moins de 1 g de graisses saturées
○ Sodium : 75 mg

1 Mixer les pruneaux et l'eau dans un robot culinaire jusqu'à l'obtention d'une pâte presque lisse.

2 Graisser une plaque à pâtisserie. Déposer la purée de pruneaux et le reste des ingrédients, à l'exception de ceux de la garniture, dans un grand saladier, et bien mélanger.

3 Étaler la préparation uniformément sur la plaque et cuire dans un four préchauffé à 180 °C (350 °F), environ 30 minutes. Sortir du four et laisser refroidir.

4 Avant que la pâte croustillante soit complètement froide, mélanger les ingrédients de la garniture dans un saladier et étaler la préparation sur le croustillant. Couper en 12 carrés.

125 g (4 oz) de pruneaux dénoyautés
4 cuil. à soupe d'eau
un peu de margarine insaturée pour
  graisser le plat
150 g (5 oz) de farine à levure
125 g (4 oz) de gruau
75 g (3 oz) de sucre
3 cuil. à café de poudre de cacao

GARNITURE
100 g (3 ½ oz) de sucre glace
2 cuil. à café de poudre de cacao
un peu de jus d'orange

TRUCS NUTRITIONNELS

Le cacao constitue une bonne source de polyphénols antioxydants, similaires à ceux que l'on trouve dans les fruits, les légumes, le vin rouge et le thé, et pouvant avoir des effets bénéfiques. Par contre, il est également riche en matières grasses et en sucre. La purée de pruneaux remplace très bien les matières grasses dans les pâtisseries. Substituez la purée au beurre ou à la margarine. Les pruneaux sont également riches en fibres, en fer, en potassium et en vitamine A.

cake aux fruits

Temps de préparation : 15 minutes

Durée de cuisson : 1 heure et demie

INFORMATION NUTRITIONNELLE   ○ Calories : 218 (916 KJ)   ○ Matières grasses : 2 g, dont moins de 1 g de graisses saturées   ○ Sodium : 145 mg

 12 tranches

1 Graisser un plat à cake d'une contenance de 1 kg (2 lb). Déposer les dattes dans une casserole avec l'eau mesurée et chauffer à feu doux jusqu'à ce qu'elles aient ramolli. Retirer du feu et réduire en purée à l'aide d'une fourchette.

2 Verser la purée de dattes dans un saladier avec le reste des ingrédients, à l'exception des amandes effilées, et ajouter 4 cuillerées à soupe d'eau. Bien mélanger le tout. À l'aide d'une cuillère, transvaser la préparation dans le plat à cake jusqu'à ce qu'il soit plein. Parsemer d'amandes effilées.

3 Cuire dans un four préchauffé à 160 °C (325 °F), pendant 1 heure et demie, jusqu'à ce que la lame d'un couteau, plantée dans le centre, en ressorte propre. Vers la fin de la cuisson, vous pouvez protéger le dessus du gâteau en y déposant une feuille de papier aluminium.

4 Laisser légèrement refroidir le gâteau, puis le retourner pour le sortir du moule et le déposer sur une grille jusqu'à ce qu'il soit à température ambiante.

un peu de margarine insaturée pour
   graisser le plat
250 g (8 oz) de dattes dénoyautées
300 ml (10 oz) d'eau
175 g (6 oz) de raisins secs
   sans pépins
125 g (4 oz) de raisins sultana
125 g (4 oz) de raisins de Corinthe
50 g (2 oz) d'écorce confite hachée
175 g (6 oz) de farine complète
   tout usage
3 cuil. à café de levure chimique
1 cuil. à café de mélange d'épices
zeste râpé et jus de 1 orange ou
   1 citron
25 g (1 oz) d'amandes moulues
quelques amandes effilées pour
   décorer

gâteau aux bananes et aux raisins secs

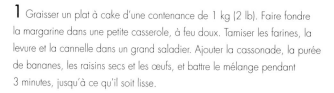

Temps de préparation : 10 minutes
Durée de cuisson : 50 minutes à 1 heure

Ⓥ   **12 portions**

INFORMATION NUTRITIONNELLE   ○ Calories : 190 (798 KJ)   ○ Matières grasses : 7 g, dont 2 g de graisses saturées
○ Sodium : 110 mg

1 Graisser un plat à cake d'une contenance de 1 kg (2 lb). Faire fondre la margarine dans une petite casserole, à feu doux. Tamiser les farines, la levure et la cannelle dans un grand saladier. Ajouter la cassonade, la purée de bananes, les raisins secs et les œufs, et battre le mélange pendant 3 minutes, jusqu'à ce qu'il soit lisse.

2 Verser la préparation dans le moule à cake et faire cuire dans un four préchauffé à 180 °C (350 °F), pendant 50 minutes à 1 heure, jusqu'à ce qu'une lame de couteau plantée dans le centre du gâteau en ressorte propre. Déposer le moule à cake sur une grille pour qu'il refroidisse légèrement avant de démouler.

3 Ce gâteau est beaucoup plus savoureux si on le laisse ramollir pendant 2 à 3 jours en l'entourant bien d'un film transparent. On peut le servir en tranches minces et le recouvrir de fromage à tartiner allégé en matières grasses, ou en faire des petits sandwichs en déposant des pommes finement tranchées ou des bananes écrasées entre deux tranches.

75 g (3 oz) de margarine insaturée fondue, plus une petite quantité pour graisser le moule
150 g (5 oz) de farine complète à levure
75 g (3 oz) de farine complète tout usage
1 cuil. à café de levure chimique
1 cuil. à café de cannelle moulue
75 g (3 oz) de cassonade
3 bananes, bien écrasées
100 g (3 ½ oz) de raisins secs sans pépins
2 œufs légèrement battus

TRUCS NUTRITIONNELS

Pourquoi utiliser des bananes ? Des recherches récentes ont démontré qu'une alimentation plus riche en fruits, légumes, céréales, noix et haricots qu'en aliments d'origine animale, et riche également en produits laitiers allégés et en aliments riches en potassium, calcium et magnésium aidait à prévenir l'hypertension. Tous les fruits et légumes sont de bonnes sources de potassium, mais c'est encore plus le cas des bananes, des fruits secs, des abricots, de la rhubarbe, du cassis, des légumineuses, des betteraves, du maïs, des champignons, des épinards et des pommes de terre.

recettes de base

bouillon de légumes

Temps de préparation : 20 minutes
Durée de cuisson : 1 heure 45
Pour 2,7 litres (90 oz)

3 oignons moyens
4 carottes moyennes hachées grossièrement
3 poireaux moyens tranchés grossièrement
3 branches de céleri hachées grossièrement
3 feuilles de chou tranchées
1 tête de laitue tranchée
6 brins de persil plat avec les tiges, hachés
    grossièrement
3 brins de thym
1 feuille de laurier
3,6 litres (120 oz) d'eau froide

1 Mettre tous les ingrédients dans une casserole ou une marmite. Couvrir et porter doucement à ébullition. Baisser le feu et laisser mijoter. Retirer l'écume. Laisser mijoter à feu très doux, couvert, pendant 1 heure, en retirant l'écume de temps en temps. Ne pas remuer.

2 Bien égoutter au-dessus d'un saladier, en prenant soin de ne pas laisser passer de chair des légumes à travers la passoire pour ne pas troubler le bouillon. Laisser refroidir, puis couvrir et réfrigérer.

O Sans matières grasses
O Sodium : 90 mg

bouillon de poulet

Temps de préparation : 10 minutes
Durée de cuisson : 2 ou 3 heures, plus la réfrigération
Pour 2,5 litres (80 oz)

1,5 kg (3 lb) de poulet frais
1 oignon piqué de trois clous de girofle
2 carottes tranchées grossièrement
2 branches de céleri tranchées grossièrement
1 tête d'ail, gousses séparées et non pelées
6 brins de persil plat avec les tiges
3 brins de thym frais
1 feuille de laurier
2,75 litres (100 oz) d'eau froide, pour recouvrir au moins
    7 cm (3 po) de la casserole ou de la marmite

1 Mettre tous les ingrédients dans une grande casserole ou une marmite. Couvrir et porter doucement à ébullition. Baisser le feu pour laisser mijoter. Retirer l'écume. Laisser mijoter à feu très doux, partiellement couvert, pendant 2 ou 3 heures pour que le bouillon soit savoureux, en retirant l'écume de temps en temps. Ne pas remuer.

2 Bien égoutter au-dessus d'un saladier, en prenant soin de ne pas laisser passer de chair des légumes ou de la viande à travers la passoire pour ne pas troubler le bouillon. Laisser refroidir, puis couvrir et réfrigérer plusieurs heures avant de retirer la graisse solidifiée.

O Sans matières grasses
O Sodium : 94 mg

vinaigrette aux olives

Temps de préparation : 5 minutes
Pour 300 ml (10 oz)

125 ml (4 oz) de vinaigre balsamique
125 ml (4 oz) de jus de citron
2 gousses d'ail écrasées
3 olives noires dénoyautées
1 cuil. à soupe de moutarde de Dijon
une pincée de sucre

1 Mettre tous les ingrédients dans un bocal à couvercle, mettre le couvercle et bien agiter. Se conserve au réfrigérateur jusqu'à une semaine.

- Kcal : 62 (344 KJ)
- Matières grasses : 3 g, dont moins de 1 g de graisses saturées
- Sodium : 800 mg

vinaigrette fruitée

Temps de préparation : quelques minutes
Pour 100 ml (3 1/2 oz)

2 cuil. à café de moutarde en grains
4 cuil. à soupe de vinaigre balsamique
1 cuil. à soupe d'huile d'olive
1 cuil. à soupe de jus d'orange ou de pomme
poivre noir fraîchement moulu

1 Mettre la moutarde, le vinaigre balsamique, l'huile d'olive, le jus d'orange ou de pomme et le poivre dans un bocal à couvercle, mettre le couvercle et bien agiter. Se conserve au réfrigérateur jusqu'à 7 jours.

- Kcal : 130 (340 KJ)
- Matières grasses : 12 g, dont moins de 2 g de graisses saturées
- Sodium : 166 mg

pâte au gingembre et à l'ail

Temps de préparation : 5 minutes
Pour 250 g (8 oz)

125 g (4 oz) de gingembre frais, pelé et coupé
   en morceaux
125 g (4 oz) de gousses d'ail pelées

1 Mixer le gingembre et l'ail dans un robot culinaire en ajoutant un peu d'eau. Déposer dans un contenant hermétique et conserver au réfrigérateur jusqu'à 3 semaines. Vous pouvez également en déposer de petites quantités dans des cubes à glaçons, ou encore étaler la pâte sur une plaque à pâtisserie, la congeler, puis la découper en morceaux. Conserver dans des sacs de congélation.

- Kcal : 184 (773 KJ)
- Matières grasses : 2 g, dont moins de 1 g de graisses saturées
- Sodium : 19 mg

sauce teriyaki

Temps de préparation : quelques minutes
Durée de cuisson : quelques minutes
Pour 100 ml (3 ½ oz)

1 échalote émincée
1 cuil. à café de gingembre frais haché
50 ml (2 oz) de vinaigre de riz ou de xérès
2 cuil. à soupe de sauce au soja allégée en sel
1 cuil. à café de miel
2 cuil. à soupe de jus de citron jaune ou vert
1 cuil. à café d'huile de sésame

1 Mettre l'échalote, le gingembre, le vinaigre ou le xérès, la sauce au soja, le miel et 1 cuillerée à soupe de jus de citron dans une petite casserole, et chauffer à feu moyen. Ajouter l'huile de sésame et le reste du jus de citron, et chauffer encore un peu.

○ Kcal : 140 (588 KJ)
○ Matières grasses : 3 g, dont moins de 1 g de graisses saturées
○ Sodium : 10 mg

sauce au yaourt aux herbes et aux concombres

Temps de préparation : 5 minutes, plus le temps de réfrigération
Pour 2 ou 3 portions

125 g (4 oz) de concombre râpé
1 cuil. à soupe d'aneth ou de menthe haché
200 g (7 oz) de yaourt nature
1 cuil. à soupe de jus de citron jaune ou vert
poivre noir fraîchement moulu

1 Mélanger les ingrédients, couvrir et laisser refroidir et réfrigérateur environ 30 minutes avant de servir, pour laisser le temps aux arômes de se dégager.

○ Kcal : 125 (525 KJ)
○ Matières grasses : 2 g, dont moins de 1 g de graisses saturées
○ Sodium : 170 mg

salsa aux tomates

Temps de préparation : 10 minutes,
plus le temps de repos
Pour 8 portions

500 g (1 lb) de tomates mûres pelées et égrenées
1 petit oignon émincé
1 à 3 piments verts égrenés et émincés
1 cuil. à soupe de vinaigre blanc
une pincée de sucre
2 cuil. à soupe de coriandre ou de persil frais haché
poivre noir fraîchement moulu

1 Hacher finement les tomates à la main ou les
mixer rapidement dans un robot culinaire. Mélanger
avec le reste des ingrédients. Laisser reposer
30 minutes pour laisser le temps aux arômes de se
dégager. La salsa se conserve jusqu'à 1 semaine
au réfrigérateur.

- Kcal : 115 (483 KJ)
- Matières grasses : 2 g, dont moins de 1 g de graisses saturées
- Sodium : 50 mg

salsa à la mangue

Temps de préparation : 10 minutes,
plus le temps de repos
Pour 6 portions

1 mangue
200 g (7 oz) de tomates mûres pelées,
    égrenées et hachées
1 piment vert égrené et émincé
1 cuil. à soupe de menthe hachée
1 cuil. à soupe de coriandre fraîche hachée
jus de 1 citron
1 cuil. à soupe d'huile d'olive
une pincée de sucre
poivre noir fraîchement moulu

1 Pour la salsa, couper la mangue dans le sens
de la longueur des deux côtés du noyau. Retirer la
peau. Couper la chair en petits morceaux et la
déposer dans un saladier avec les tomates.

2 Ajouter le reste des ingrédients. Couvrir et réfrigérer au moins 30 minutes pour laisser le temps aux
arômes de se dégager. (La salsa se conserve jusqu'à
1 semaine au réfrigérateur.)

- Kcal : 266 (1 114 KJ)
- Matières grasses : 13,4 g, dont 1,8 g de graisses saturées
- Sodium : trace

index

remerciements

Merci à tous les membres de la Family Heart Association, plus particulièrement à Michael Livingston pour m'avoir laissé du temps pour écrire ce livre, et à Gill Stokes pour m'avoir offert quelques-unes de ses recettes familiales préférées. À tous ceux du Conquest Hospital de Hastings, à mes amis et collègues du service de nutrition et de diététique, et à Alison Hassell, diététicienne principale, pour avoir travaillé avec moi sur la partie « Apporter des changements ». À tous les professionnels du service de cardiologie, plus particulièrement le docteur Richard Wray, pour son soutien et ses encouragements permanents, à l'équipe de réadaptation cardiaque et à tous les patients que j'ai eu le privilège de rencontrer au fil des années et qui m'ont tant appris. À mes chers enfants Lottie, Sam et Tom, pour leur grande tolérance – avoir une diététicienne aussi passionnée comme mère ne doit pas être facile tous les jours ! Enfin, à Jonathan pour son amour, sa patience inébranlable et son aide à la réalisation de ce livre.

L'AUTEURE

Jacki Lynas (Bsc SRD) est une diététicienne diplômée d'État spécialisée dans la prévention des maladies cardiaques. Elle travaille au service de l'organisme caritatif Heart UK, et sa vingtaine d'années d'expérience en font une professionnelle reconnue dans son domaine. En plus d'être une oratrice réputée dans les congrès scientifiques auxquels elle participe, elle apporte une contribution régulière à des manuels, à des journaux et à des magazines médicaux.

Remerciements pour les photographies, dans l'ordre des sources

Getty Images 5 en haut à droite, 5 en bas, 9 en haut, 9 en bas, 15 en bas. **Octopus Publishing Group Limited** / David Jordan 17 détail 1 / William Lingwood 16 détail 1, détail 2 / William Reavell 1, 5 en haut à gauche, 10 en bas, 12 en haut, 12 en bas, 13 en haut, 14 en haut, 14 en bas, 15 en haut, 16 détail 3, 16 détail 4, 16 détail 5, 16 détail 6, 17 détail 2, 17 détail 3, 17 détail 4, 17 détail 6, 17 détail 7, 20 en haut au centre, 20 en haut à droite, 21, 23, 27, 28 en haut au centre, 28 en haut à droite, 31, 35, 39, 40 en haut au centre, 40 en haut à droite, 43, 47, 51, 54 en haut au centre, 54 en haut à droite, 55, 59, 63, 66, 70 en haut au centre, 70 en haut à droite, 71, 75, 77, 81, 83, 86 en haut au centre, 86 en haut à droite, 87, 91, 95, 99, 100 en haut au centre, 100 en haut à droite, 103, 107, 108 en haut au centre, 108 en haut à droite, 111, 115, 117, 121 / Simon Smith 17 détail 5. **Science Photo Library** 7 en haut, 7 en bas.

Hamlyn

Directrice exécutive : **Nicky Hill**
Éditrice : **Abi Rowsell**
Conceptrice principale : **Joanna Bennett**
Conceptrice : **Claire Harvey**
Photographe : **William Reavell**
Conseillère en économie domestique :
    Louise Blair
Recherchiste de photographies :
    Zoë Holterman
Contrôleuse de la production :
    Viv Cracknell